吴允谦墓地

吴允谦神道碑

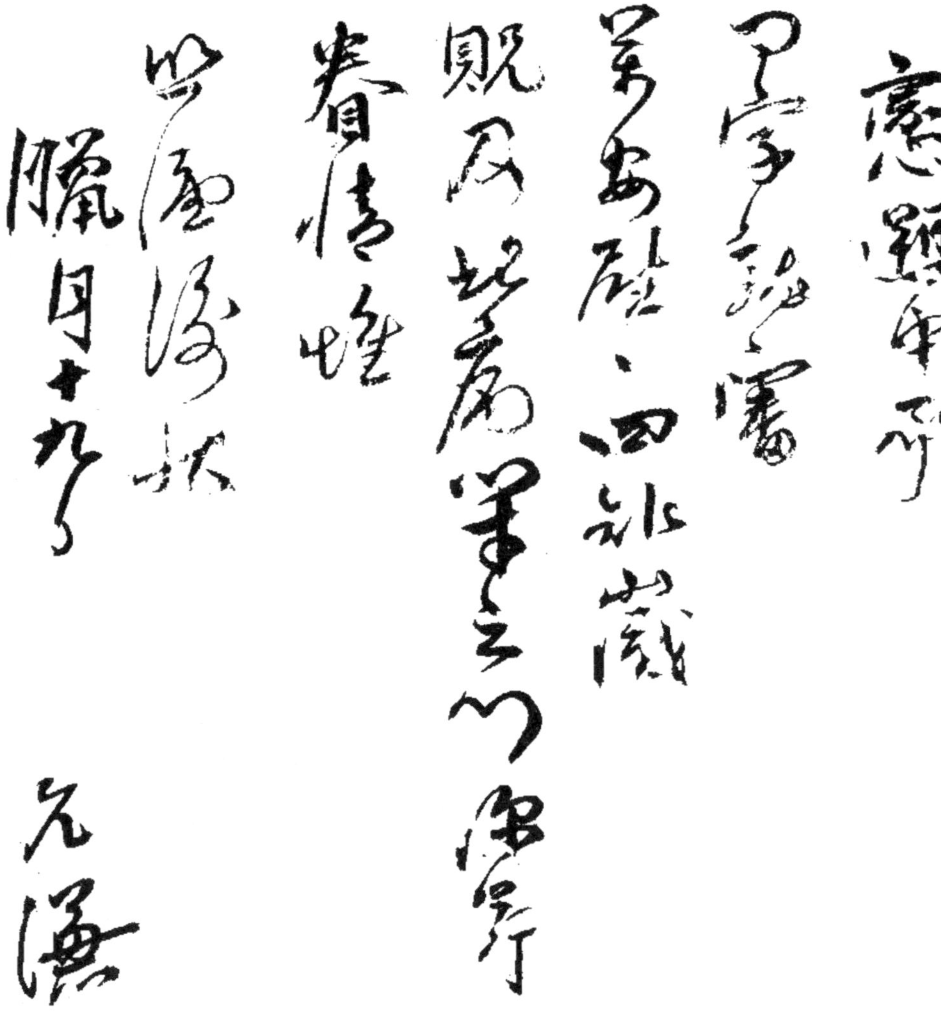

吴允谦信札（成均馆大学博物馆藏）

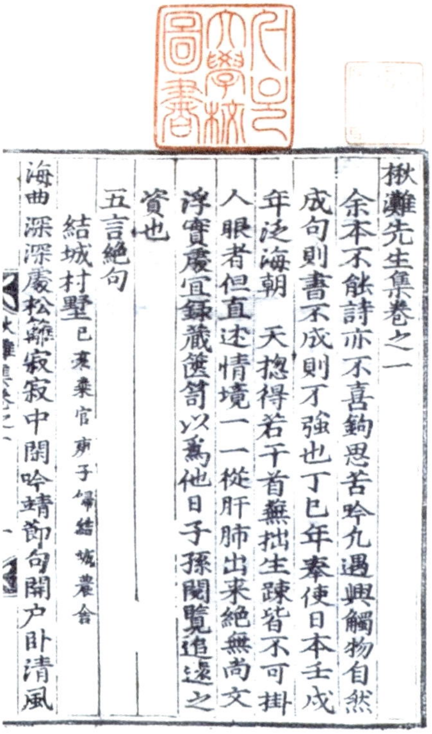

楸灘先生集卷之一

余本不能詩亦不喜鉤思苦吟凡遇興觸物自然成句則書不成則不強也丁巳年奉使日本壬戌年泛海朝　天摠得若干首無拙生疎皆不可掛人眼者但直述情境一一從肝肺出來絶無尚文浮實處宜錄藏篋笥以爲他日子孫閱覽追遠之資也

五言絶句

結城村墅已亥棄官庚子歸結城農舍

海曲深深處松籬寂寂中閑吟晴節句開户卧清風

首尔大学藏《楸滩集》

海槎朝天日錄

大明熹宗皇帝天啓二年
本朝廢王光海君十四年

上使楸灘
副使武臣邊潝
書使柳應元

壬戌四月二十九日到郭山宣沙浦齋宿三十日曉行西海神祭香及祭文幣自京下來也巳時乘舡以　奏文未來之故還下館以郭山殘弊未克支待一行副使則仍留郭山吾與書狀還定州留待　奏文五月初六日夜二更　奏文自京下來即欲乘舡以八日弦日舡人甚忌之不得已姑待吉日十二日

《海槎朝天日录》手抄本

河北大学燕赵文化高等研究院
INSTITUTE FOR ADVANCED STUDY OF YANZHAO CULTURE,HEBEI UNIVERSITY
成果文库

域外典籍与中韩文化

朝鲜吴允谦《楸滩集》辑注

梁钊　张乾　全雪莲　辑注

河北大学出版社
·保定·

出 版 人：朱文富
插　　图：郑舒宁
责任编辑：田　阳
装帧设计：赵　谦
责任校对：牟　霖
责任印制：常　凯

图书在版编目（CIP）数据

域外典籍与中韩文化 ：朝鲜吴允谦《楸滩集》辑注 / 梁钊，张乾，全雪莲辑注．-- 保定 ：河北大学出版社，2022.11

ISBN 978-7-5666-2123-8

Ⅰ．①域… Ⅱ．①梁… ②张… ③全… Ⅲ．①中国历史－史料－研究－明代 Ⅳ．① K248.07

中国国家版本馆 CIP 数据核字（2023）第 010527 号

YUWAI DIANJI YU ZHONG HAN WENHUA
CHAOXIAN WU YUNQIAN《QIUTAN JI》JIZHU

出版发行：河北大学出版社
地址：河北省保定市七一东路2666号　邮编：071000
电话：0312-5073003　0312-5073029
网址：www.hbdxcbs.com
邮箱：hbdxcbs818@163.com
印　　刷：保定市北方胶印有限公司
幅面尺寸：170 mm × 240 mm
字　　数：207千字
印　　张：15.5
版　　次：2022年11月第1版
印　　次：2022年11月第1次印刷
书　　号：ISBN 978-7-5666-2123-8
定　　价：168.00 元

目　录

凡　例

一、本书系朝鲜儒士吴允谦之《楸滩集》辑注，底本为1692年刊行的木刻本，藏于首尔大学奎章阁韩国学研究院。在此基础上，辑《洛西集》《少陵先生文集》《碧梧先生遗稿》载吴允谦所作诗歌，补充了卷一；辑《药峰遗稿》所载吴允谦所作祭文，补充了卷三；以海州吴氏楸滩公派宗中编辑的《楸滩先生遗集》与手抄本《海槎朝天日录》为参照，辑补了附录部分，并以日记分类命名。

二、《楸滩集》由年谱、原集三卷、附录、跋文构成，共两册。卷一收录五言绝句15题、七言绝句99题、五言律诗43题、五言排律3题、七言律诗39题、五言古诗3题；卷二收录疏31篇、札48篇；卷三收录札12篇、启辞9篇、议35篇、呈文2篇、书4篇、祭文7篇、策1篇；附录收录祭文4篇、不允批答2篇、日记2部、跋文2篇。

三、原典出校以保留原貌为准则，关于原文中的误记，作注释说明。原文中的异体字等无关宏旨之处，不再另作说明。原文缺字以“□”代替。

四、原典注释以域外之人名、地名、典故等为主，中国之常见人名、地名、典故不复注释。

五、原典校注以方便阅读为宗旨，采取新式标点，且按文意加以分段。

解　题

一、楸滩其人

吴允谦（1559—1636），字汝益，号楸滩，又号土塘，原籍海州。海州吴氏始祖为吴仁裕，在高丽时期任军器监，可见其家族并非显赫门阀。至十一世孙，即吴允谦曾祖吴玉贞之时，一家始繁盛。据《补注朝鲜文科榜目》记载，海州吴氏在朝鲜时期文科及第者达 92 人。

吴允谦之祖父吴景闵曾任石城县监，后追封为监察。吴允谦之父吴希文（1539—1613）一生未仕，然精通汉文，关注时政，广泛涉猎教书、上疏文、檄文、通文等，曾手绘“族图记”来传承族脉。其与金长牛（1548—1631）、中钦（1566—1628）等当世名贤交往密切。特别是在壬辰倭乱期间，吴希文将十余年的避乱生活与见闻辑成《琐尾录》，为后世留下了珍贵的史料。

吴允谦乃吴希文与延安李氏所诞之子，14 岁跟从其舅李彬学习《诗传》，23 岁游于成浑（1535—1598）门下，次年入成均馆，可谓家学与官学兼修。吴允谦于 1582 年在司马试中合格，于 1589 年“殿讲居魁”，被举荐为英陵参奉。之后，吴允谦担任的外职有平康县监、安州牧使、东莱府使、江原道观察使、广州牧使等，内职有吏曹佐郎、户曹参议、吏曹判书、刑曹判书、右议政、左议政、领议政等。

在任职期间，光海君九年（1617），吴允谦被任命为日本回答使，通过与日本的交涉，成功送还在壬辰倭乱中被抓的朝鲜人。光海君十年（1618），光海君欲“废母”，时任右议政的韩孝纯（1543—1621）率百官进阙请废，吴允谦坚决不参加，叹曰：“今日处变，能尽其道，然后可以有辞于天下，无愧于后世矣。”光海君十四年（1622），为贺天启皇帝即位，吴允谦被任命为贺极正使出使明朝，其自宣沙浦乘船，由登州抵北京，路途中劳悴成疾，明朝款待甚厚，最终圆满完成出使任务。

仁祖反正之后，光海君被废，仁祖主政，吴允谦被任命为司宪府大司宪，因其宽用刑典，持论和平，从而深得人心。仁祖五年（1627），后金攻入朝鲜，在和议缔结同盟之时，吴允谦认为“天朝有父子之义”，主张如实向明朝呈送奏文，显示了其尊明大义。吴允谦还参与众多国之大事，如以总护使执行朝鲜仁烈王后的国葬。仁祖十四年（1636），吴允谦因疾病逝，终年 78 岁。朝鲜显宗时期，宋浚吉（1606—1627）在经筵中谈论吴允谦之功绩，显宗赐谥号忠贞。

在学问方面，吴允谦属畿湖学派。从性理学道统来看，吴允谦的师承谱系为：金宏弼（1454—1504）—赵光祖（1482—1519）—成守琛（1493—1564）—成浑—吴允谦。成浑，号牛溪，其与门徒形成的学问思想被称为“牛溪学派”，主张务实是学派的重要特征。成浑在与道友的书信中写道：“至如吴允谦，温谦悫厚，持心平恕，又共事于幕府，深知先府者也。顷日相见，极论此事，渠亦叹息，此君言论，可以回后生之心腹，稍可倚靠云云矣。”可见，吴允谦深得成浑的信赖与赏识。吴允谦亦致力于性理学之存养与省察，行事端正严谨，受到当时师友的敬重。吴允谦在为政期间坚守道统准则，践行理学治国，比如他在《受由辞朝日书进朱子札及李文纯公疏札》中劝国王进学朱熹（1130—1200）和李滉（1501—1570）两位理学贤者之言；在《辞同副承旨疏》中为师承辨诬，表明成浑“学术之正，践履之笃，必有百世之公言”；在《牛、栗两先生辨诬札》中阐明“李珥、成浑学问道德之盛”，极力维护畿湖学派的声誉。

吴允谦以修身为重，强调为己之学，不过分重视辞章，因此自我评价道：“自然成则书，不成则不强也。”特别是对于记录性诗文，皆“直述情境，一一从肝肺出来，绝无尚文浮实处”。

总之，吴允谦是其家门官职最高之人，又因其德才兼备，被尊为海州吴氏楸滩公派始祖。其弟吴允谐（1562—?）曾任世子翊卫司副率、承文院正字等；其子吴达天（1598—1648）官至吏曹判书；其孙吴道一（1645—1703）曾任吏曹判书、兵曹判书等。可见，自吴允谦始，其家门从学问上开始延续畿湖学脉，在政治上也维持显赫地位。

二、文集概况

据吴道一所撰《楸滩集》跋文，可知吴允谦“平日所著述无多，且一生谦挹，不喜世俗夸诩习，凡树石于墓，求挽于人，并以遗命已之，遗稿之迄今未付剞劂，亦先志是体也”。吴允谦不刻意进行文学创作，但有实用性较强的疏、札及挽诗等存世，这与吴允谦追求的为己之学和经世致用有密切关系。

吴道一任星州牧使，遂收集家藏手稿，编纂为三册，并附年谱和附录。后请朴世采（1631—1695）撰跋文，于1692年刊行木刻本《楸滩集》。此外，吴允谦有汉诗分别散落在《洛西集》《少陵先生文集》《碧梧先生遗稿》等朝鲜文人文集中，另有《东槎日录》《海槎朝天日录》两部使行日记未收录于文集初刻本中。本书收录了以上内容，辑补完善了《楸滩集》。

卷一以诗体分类，各诗体又以时间先后排序，共收录五言绝句15题、七言绝句99题、五言律诗43题、五言排律3题、七言律诗39题、五言古诗3题，部分诗题附作者小注。其中大部分为吴允谦以回答使出使日本而创作的日本纪行诗，以贺极正使出使明朝所作的朝天诗，还有其与师友唱和的次韵诗、哀悼师友的挽诗等。

纵观吴允谦的诗歌，整体风格与宋诗较近，虽具有一定浪漫主义色彩，但写实主义色彩更加强烈，这与他的自评相吻合。按韩国学者梁勋植的归纳，吴允谦的诗歌主要分为：儒佛接化的交游诗、尚古显志的使行诗、忧患意识和会者定离相融合的挽诗、反映道学态度的题咏诗。

卷二收录疏 31 篇、札 48 篇，均以时间先后排序，其中以因病请求辞职的内容居多，文章言辞恳切，旁征博引，体现了吴允谦学识渊博和忠君爱国。此卷又不乏直谏之文，如《平康县陈弊疏》中详细论述了倾听民生、亲身调查、对比实际、分析利弊、提出对策等内容。《请进讲〈大学〉札》中强调“圣人之学，非有他道，悉备于《大学》书中”，劝诫国王研习“猛省克去之功”。

卷三收录札 12 篇、启辞 9 篇、议 35 篇、呈文 2 篇、书 4 篇、祭文 7 篇、策 1 篇，附录收录墓碣铭 1 篇、祭文 4 篇、批答 1 篇、日记 2 部、跋文 2 篇。《论祔庙未安札》《再札》《三札》以升祔祧迁之礼论述了朝鲜元宗大王神主享太庙之弊端，强调了遵循古礼的重要性。《辨郑仁弘诬毁晦斋、退溪两先生启辞》对郑仁弘（1535—1623）诬告先正臣进行了反驳，阐明了李滉与曹植（1501—1572）的和谐钦慕关系。

《东槎日录》记录了吴允谦在日本 102 天的经历，是研究朝日关系和东亚关系的珍贵史料。特别值得注意的是，吴允谦通过此次出使，在观察自然人文景观和日本接待朝鲜使臣的过程中，转变了既往对日本的看法。众所周知，在 1592 年日本发动了侵略朝鲜的战争，当时吴允谦以从事官参战，后在任东莱府使之时也提出防范倭寇之策。显然，吴允谦眼中的日本并非正面的形象。但是，在与柳川调兴等人的交往中，吴允谦认识到日本的文化和经济发展，最终以实学之态度重新认识和评价日本。

《海槎朝天日录》记录了明清交替之际朝鲜与明朝的外交关系，对研究中朝海路外交等方面是弥足珍贵的史料，加之可以与朝天诗互证互动，对多视角研究中朝外交文学与文化尤为重要。日记还可以对中国史料进行补充，属于研究国内地方历史文化的域外文献。比如，日记描绘了已经消亡的历山书院，描述了大运河天津段的运输情景。

楸滩先生年谱

公讳允谦，字汝益，海州人。号楸滩，晚居广州[①]先茔下，又号土塘。

己未世宗嘉靖三十八年（明宗大王十五年）十月十二日戊辰，公生于汉阳崇教坊[②]，公外王父李公廷秀[③]宰文川[④]。大夫人怀孕时，梦见三台星落于衙南小峰，转入怀中。及诞公，文川公[⑤]语人曰："此儿禀三台精，必居三台位。"先夫人又梦见龙腾，名公小字，以此也。公小字星龙。

庚申世宗嘉靖三十九年（明宗大王十六年），公年二岁。

辛酉世宗嘉靖四十年（明宗大王十七年），公年三岁。

壬戌世宗嘉靖四十一年（明宗大王十八年），公年四岁。

癸亥世宗嘉靖四十二年（明宗大王十九年），公年五岁。

甲子世宗嘉靖四十三年（明宗大王二十年），公年六岁。

乙丑世宗嘉靖四十四年（明宗大王二十一年），公年七岁。

---

① 广州：现为韩国京畿道广州市。

② 崇教坊：朝鲜前期汉阳东部十二坊之一。

③ 李廷秀（？—?）：吴允谦的外祖父，曾任文川郡守。

④ 文川：朝鲜半岛咸镜南道南部的郡。

⑤ 文川公：吴允谦的外祖父李廷秀。

丙寅世宗嘉靖四十五年（明宗大王二十二年），公年八岁，大夫人病中思柚子，公闻邻洞李上舍家有之，躬造恳求。上舍异之，给数枚，即归进大夫人，一家奇之。

丁卯穆宗隆庆元年（明宗升遐宣祖即位），公年九岁。

戊辰穆宗隆庆二年（宣祖大王元年），公年十岁。

己巳穆宗隆庆三年（宣祖大王二年），公年十一岁。

庚午穆宗隆庆四年（宣祖大王三年），公年十二岁。

辛未穆宗隆庆五年（宣祖大王四年），公年十三岁。

壬申穆宗隆庆六年（宣祖大王五年），公年十四岁，从舅往龙仁[①]，读《诗传》。

癸酉神宗万历元年（宣祖大王六年），公年十五岁。

甲戌神宗万历二年（宣祖大王七年），公年十六岁。

乙亥神宗万历三年（宣祖大王八年），公年十七岁，行冠礼。

丙子神宗万历四年（宣祖大王九年），公年十八岁，公将入格于四学轮次。李尔瞻[②]与公争，画有忌色，公耻与之争，遂不制，侪流咸称公有远大器。

丁丑神宗万历五年（宣祖大王十年），公年十九岁。

戊寅神宗万历六年（宣祖大王十一年），公年二十岁。

乙卯神宗万历七年（宣祖大王十二年），公年二十一岁。

庚辰神宗万历八年（宣祖大王十三年），公年二十二岁。聘夫人李氏，军器寺佥正李应华之女。尝入场，题不合意，阁笔不制。举子中相识人，苍黄奔过问曰："何安闲也?"曰："自度不及制，故止之。"其人愕然曰："吾则制未半而日已暮，欲免曳白，奔忙至此，苟且甚矣。见人之善，何可不效?"遂同坐待日入乃出，自少不汲汲于进取

---

① 龙仁：现为韩国京畿道龙仁市。

② 李尔瞻（1560—1623）：字得舆，号观松、双里，朝鲜文臣，曾任吏曹正郎、礼曹判书等。

如此。

辛巳神宗万历九年（宣祖大王十四年），公年二十三岁，始游牛溪①先生门下，先生重其操履。语人曰："吴某乱邦可居。"尝入场，写程文将毕，有一人疾走过前，误跌覆墨于试纸，公颜色自若，不少介意，其人大感服。郑公经世②闻之，造门谢曰："子吾之师也。"

壬午神宗万历十年（宣祖大王十五年），公年二十四岁，登上庠，游太学，士友间蔚有文行之誉。

癸未神宗万历十一年（宣祖大王十六年），公年二十五岁。时泮儒陈章，请五贤从祀文庙，而公制疏。

甲申神宗万历十二年（宣祖大王十七年），公年二十六岁。

乙酉神宗万历十三年（宣祖大王十八年），公年二十七岁。是年，生女。（后归幼学郑斗望，无后。）

丙戌神宗万历十四年（宣祖大王十九年），公年二十八岁。

丁亥神宗万历十五年（宣祖大王二十年），公年二十九岁。

戊子神宗万历十六年（宣祖大王二十一年），公年三十岁。

己丑神宗万历十七年（宣祖大王二十二年），公年三十一岁。郑汝立③之狱，三司请治辞连人，太学生李春英④等力主陈疏之议。公在泮，以为鞫狱非儒生所知，必欲陈疏，则当以明教化，使乱臣贼子知惧等语为主意，疏中略不举辞连人名字，识者以为得体。应殿讲居魁，试

---

① 牛溪：成浑（1535—1598），字浩原，号牛溪、默庵，谥号文简，朝鲜文臣、学者，曾任工曹佐郎、吏曹判书等。著有《牛溪集》《朱门旨诀》《为学之方》等，去世后祭享于竹林书院、勿溪书院等地方书院。

② 郑经世（1563—1633）：字景任，号愚伏，谥号文庄，朝鲜文臣、学者，曾任礼曹判书、吏曹判书、大提学等。著有《愚伏集》《丧礼参考》等，去世后从祀于道南书院。

③ 郑汝立（1546—1589）：字仁伯，朝鲜文臣、学者，曾任礼曹佐郎等。此处狱事指朝鲜历史上的"己丑狱事"。

④ 李春英（1563—1606）：字实之，号体素斋，谥号文肃，朝鲜文臣、学者，曾任户曹佐郎、醴泉郡守、工曹正郎等。

官李山海①方长东铨②，见公从容讲席，举措安详，曰："今世复见真儒。"即荐为英陵参奉。

庚寅神宗万历十八年（宣祖大王二十三年），公年三十二岁。冬，英陵参奉弃官。

辛卯神宗万历十九年（宣祖大王二十四年），公年三十三岁，拜奉先殿参奉。

壬辰神宗万历二十年（宣祖大王二十五年），公年三十四岁。倭贼陷都城，弥满畿内，公奉影帧瘗山后，姑避贼。贼过后即还奉审，移奉影帧于斋寺佛画中，贼又入其寺见之，以为佛像而不敢毁伤，自是贼来则避，贼退则还。贼势日炽，不获已报方伯，启闻奉移，仍弃官。

癸巳神宗万历二十一年（宣祖大王二十六年），公年三十五岁，拜典设别检不仕，体察使郑公澈③，辟公为白衣从事，公即驰赴辕门，郑公专委以民事。

甲午神宗万历二十二年（宣祖大王二十七年），公年三十六岁。因乱在结城④。

乙未神宗万历二十三年（宣祖大王二十八年），公年三十七岁。二月，拜翊卫司侍直。七月，升副率。时朝廷简才堪守令者，不次擢用，公与其选。七月，升卫率。同月，拜平康⑤县监。是年，生女。（后归具凤瑞⑥。）

---

① 李山海（1539—1609）：字汝受，号鹅溪、终南睡翁，谥号文忠，朝鲜文臣，曾任正一品领议政。

② 东铨：指吏曹。

③ 郑澈（1536—1593）：字季涵，号松江，谥号文清，朝鲜文臣、文学家，曾任直提学等。著有《松江集》《松江歌辞》《栖霞堂遗稿》等。

④ 结城：现为韩国忠清南道洪城郡结城面。

⑤ 平康：现为韩国江原道平康郡。

⑥ 具凤瑞（1596—1644）：字景辉，号洛洲，谥号景宪，朝鲜文臣，曾任户曹参议等。

丙申神宗万历二十四年（宣祖大王二十九年），公年三十八岁。在平康，至诚爱民，峡中大化，后县人立铁碑。

丁酉神宗万历二十五年（宣祖大王三十年），公年三十九岁。三月，占别试丙科第一名，应举觅官，非公雅志，虽为亲屈意，而屡举不中，故自三十后废举。是年自平康任所，因事往巡营，适科期不远，被巡使徐公渻敦劝，黾勉赴举，中丙科。榜未出，即启行还县，泮人持榜目追公，于中路巧违先去，而路人多传言平康登第，公若不闻知，而神色自如，闻者皆服其雅量。是岁六月，本道方伯，以至诚奉公，实惠施民，吏民爱慕，百事修举，启于朝。八月，朝廷令各道方伯自辟从事，本道方伯，以公兼从事。

戊戌神宗万历二十六年（宣祖大王三十一年），公年四十岁，仍在平康，时郑寒冈逑①为方伯，以簿书间事，有愠意于公，将欲责罚。一见公于公私礼，语人曰："吴某真温玉君子，而我初不知也。"后郑公巡到江陵，登镜浦台，时月色方佳，天水交映。郑公曰："此间不可无吴某。"幕佐曰："若以民事相议之意邀之，何可不来？"郑公从之。即而公至，郑公大悦，相对讨论，尽欢而罢。盖郑公深服公人品，故如此云。五月，子达天②生。九月，参持平望。

己亥神宗万历二十七年（宣祖大王三十二年），公年四十一岁，仍在平康。十二月，弃官。

庚子神宗万历二十八年（宣祖大王三十三年），公年四十二岁，递归内浦结城海边，为终老计。未久，参持平，献纳望，不得受点，终有讲院文学之命，不得已赴朝，参弘文录。三月，子达周生。

辛丑神宗万历二十九年（宣祖大王三十四年），公年四十三岁。正

---

① 郑逑（1543—1620）：字道可，号寒冈，谥号文穆。朝鲜中期文臣、学者，曾任江原道观察使、刑曹判书、大司宪等官职。其学问深厚，门徒众多，在朝鲜时期形成了"寒冈学派"。有《寒冈集》等著述存世，去世后祭享于桧渊书院、川谷书院、道东书院等处。

② 达天：即吴达天，朝鲜文臣，曾任刑曹佐郎、金浦县令等。

月，拜弘文馆副修撰。都体察使李相国德馨[①]辟公为从事。公辞朝之日，宣祖下封书，兼察暗行，使巡检沿海舟师。辞朝时语春坊[②]僚属曰："新除铨长[③]，攀连宫禁，恐不厌士望。"闻者以为清论，铨长即具思孟[④]也。二月，拜侍讲院司书。同月，拜弘文馆修撰。五月，拜吏曹佐郎。时具思孟为铨长，政席间，欲以其子宬[⑤]拟大司成，公执笔不应，终不得拟。八月，递付成均馆典籍。九月，拜弘文馆修撰。同月，知制教。十二月，升拜弘文馆副校理。宣祖方讲周易，公屡入经席，进讲之外，缘文生义，多有规献。以诏使顾天峻[⑥]问礼官，西下。

壬寅神宗万历三十年（宣祖大王三十五年），公年四十四岁。三月，竣事复命，以牛溪门生，上疏自劾，虽未蒙递，呈辞引入。同月，递付成均馆典籍。是时，侪流多被斥，公为书状官，未及发行，移授镜城[⑦]判官。本府屡经武帅，百弊俱生，公赴任之后，专心治理，刮去弊政，观察使将褒启，公力止之。后一境思其德，立铜碑。

癸卯神宗万历三十一年（宣祖大王三十六年），公年四十五岁，在镜城。尹安性[⑧]为北兵使，欲折以威，待之不以礼，朝夕支供，务令丰

---

① 李德馨（1561—1613）：字明甫，号汉阴、双松、抱雍散人，谥号文翼，朝鲜文臣，曾任吏曹判书、右议政、领议政等。1592年以请援使出使明朝，并以接伴使接待明朝使臣李如松。著有《汉阴文稿》，去世后配享于龙源书院和近岩书院。

② 春坊：即朝鲜世子侍讲院。

③ 铨长：即吏曹判书。

④ 具思孟（1531—1604）：字景时，号八谷，谥号文懿，朝鲜文臣，曾任吏曹判书、左赞成等。1576年以冬至使出使明朝。

⑤ 宬：具宬（1558—1618），字元裕，号草塘，谥号忠肃，朝鲜文臣，曾任户曹参判、海州牧使等。

⑥ 顾天峻（1561—?）：原文有误，应为"顾天埈"。其为明朝末期昆党首领。时任翰林院侍讲的顾天埈与行人司行人崔廷健为朝鲜国王颁布册封诏书出使朝鲜。

⑦ 镜城：朝鲜半岛咸镜北道镜城郡。

⑧ 尹安性（1542—1615）：字季初，号冥观，朝鲜文臣，曾任安东判官、肃川府使等。1599年以圣节使出使明朝，著有《冥观集》。

备，不称意，辄肆暴怒。公不从其令，而亦不失下官之道，安性终乃悔惭致敬。是年，受由方伯，觐父母。时王子临海君宫，奴以事来本府，打伤寡妇，公绑囚宫奴，严刑致毙，人甚危之，而阖境称快。暗行御史奏治理第一，有升叙命。

甲辰神宗万历三十二年（宣祖大王三十七年），公年四十六岁。十二月，侧室子达朝生。灾伤御史以善政第一驰启，观察使亦以善政为一道最启闻。十二月，丁外艰。

乙巳神宗万历三十三年（宣祖大王三十八年），公年四十七岁。时先夫人已下世，道途绝远。正月，始闻病剧，弃任出来，中道闻讣，千里兼程，因得头风症。葬先夫人于土塘先墓侧，庐于其下。

丙午神宗万历三十四年（宣祖大王三十九年），公年四十八岁，在土塘墓下。

丁未神宗万历三十五年（宣祖大王四十年），公年四十九岁。二月，服阕，拜成均馆典籍。同月，升成均馆司艺。四月，拜安州牧使。时本州方有筑城之役，朝议欲中寝。公移书观察使韩浚谦①，喻以必筑之意，韩公以公为都差使员，监董不怠，出役甚均，远近咸乐，阅数月功告讫。朝廷闻之，赐表里以奖之。巡按御史奏治理第一，其后吏民立碑。

戊申神宗万历三十六年（宣祖升遐光海即位），公年五十岁。公在安州遭国恤②，即位教书到本州，公奉安于客舍大厅，公先诣奉安处，详细奉审，然后行四拜礼。盖朝廷隔远，国事危疑，故先审后拜，其当事虑远如此。辽东差官以致吊出来，到安州，公以衰服出待，差官大怒，一州遑遑，译舌等劝公脱衰。公徐曰："丧服不可任意脱着，差

---

① 韩浚谦（1557—1627）：字益之，号柳川，谥号文翼，朝鲜文臣，曾任咸镜道观察使、知中枢府事等。精通礼学，著有《柳川遗稿》，去世后祭享于文会书院。

② 国恤：指朝鲜宣祖国丧。

官异华使，不可因差官之怒，轻脱丧服。”差官乘怒前进，公终不变服，守令之轻脱丧服者，闻之皆羞悔。后朝廷行文列邑，以安州为法，差官终亦致谢而去。七月，以亲年七十呈状，递。时北道公私贱，移徙无常，列邑将虚，各镇浦军械不修。左相李公恒福[①]建议，宜择公正者为御史，委遣北道。而时北道儒生上疏，称公平廉白莫如吴某，故李公荐为北道巡按御史。公有北方奴仆数三口，以为膺是任者不可冒法，即放还其地。发北行，明审版籍，点阅军器，一道顿苏。到镜城境内，老少咸恋旧德，至有挥涕逢迎者。二月，侧室子达远生。

己酉神宗万历三十七年（光海元年），公年五十一岁。正月，拜司导寺正。三月，移拜通礼院左通礼。四月，竣事还京复命。时倭情不佳，东莱[②]府使难其人，光海特拜公为东莱府使。公莅任后，抚接岛倭，恩信并行，治民御众，两得其宜，倭人敬待公如神明焉。后府民立碑，刻之曰“清德”。

庚戌神宗万历三十八年（光海二年），公年五十二岁。议政公年迫喜惧，公久在边上，思亲念切，陈疏乞归养，得递。十二月，拜户曹参议。时朝议以为宜长三司，屡拟大司谏、副提学望，不受点。

辛亥神宗万历三十九年（光海三年），公年五十三岁。正月，拜同副承旨。时成牛溪方在罪籍，公以师诬未雪，不可居近班，陈疏辞职。三月，升右副承旨。四月，特拜忠清监司。大臣李德馨等以为此人不宜补外，启留之，复拜右副承旨。五月，升左副承旨。时曹南冥植[③]门

① 李恒福（1556—1618）：字子常，号白沙、弼云，谥号文忠，朝鲜文臣、学者，曾任兵曹判书、领议政等。1598年以陈奏辨诬使出使明朝，著有《四礼训蒙》《奏疏启议》《鲁史零言》等。

② 东莱：现为韩国釜山市东莱区。

③ 曹植（1501—1572）：字健中，号南冥，谥号文贞，朝鲜学者。精通程朱理学，以其思想进而形成了“南冥学派”。著有《南冥集》，去世后祭享于德川书院、龙岩书院等处。

人郑仁弘[1]上疏，攻击晦斋[2]、退溪[3]两先生，馆儒等抗疏辨明，仍削仁弘名于青衿录。光海大怒，屡下峻批。公是夜直政院，封还批答，至再至三，又与右副承旨金尚宪[4]陈启，极论仁弘诬贤之罪。其时士林之得免大祸，实赖公焉。十月，特拜江原监司。十二月，侧室子达士生。

壬子神宗万历四十年（光海四年），公年五十四岁。是年春，岭东西大饥，公尽心赈救，道内赖以苏息。修治鲁山墓[5]，使各邑精备祭需，永以为式。十二月，递拜佥知中枢府事。

癸丑神宗万历四十一年（光海五年），公年五十五岁。议政公方居广州，家食甚艰，为亲求拜广州牧使。是年十二月，丁内艰，庐于墓下。

甲寅神宗万历四十二年（光海六年），公年五十六岁。公在墓侧庐下，得羸毁疾，几至不救。

乙卯神宗万历四十三年（光海七年），公年五十七岁，公在墓下居庐。

丙辰神宗万历四十四年（光海八年），公年五十八岁。时光海幽闭大妃于西宫，以公为分承政院承旨。公入直分院，则宫门锁钥已久，

---

① 郑仁弘（1535—1623）：字德远，号来庵，朝鲜文臣、学者，曾任右议政、领议政等。1613年主导了“癸丑狱事”，有《来庵集》存世。

② 晦斋：即李彦迪（1491—1553），字复古，谥号文元，朝鲜文臣、学者。曾任吏曹判书、礼曹判书、刑曹判书、左赞成等官职。有《晦斋集》《求仁录》《大学章句补遗》《中庸九经衍义》等著述存世。去世后祭享于玉山书院等17处书院。

③ 退溪：即李滉（1501—1570），字景浩，号退溪、退陶、陶叟，谥号文纯，朝鲜文臣、学者，曾任丹阳郡守、丰基郡守、成均馆大司成、大提学、知经筵等官职，因其理学造诣深厚，门徒众多，形成了“退溪学派”。1609年，李滉从祀朝鲜文庙，至今其主祀或从祀的书院多达40余处。

④ 金尚宪（1570—1652）：字叔度，号清阴，朝鲜文臣，曾任大司宪、礼曹判书等，1626年出使明朝。

⑤ 鲁山墓：即朝鲜第六代王端宗之墓。

内外积置腥秽，检饬军士，一时修扫，闻者快之。

丁巳神宗万历四十五年（光海九年），公年五十九岁。正月，差日本回答使。五月，承命辞朝。七月，发船渡海。虽蛮貊之邦，知公忠信，无不起敬。关伯跣足解剑，敬以接公，而国书亦逊顺，极虏之人得生还者甚多。公将还，封置余米于一房，关伯例赠之物，尽置之对马岛，以一介柚子置手中，及渡釜山，投海中。书状李公景稷[①]见公投柚曰："吾性爱剑，求一宝刀而来，何颜持此而归乎？"即解刀投之海。十一月，还朝。对马岛以公所置银货，轮送东莱，使传送使臣处。府使启闻，光海命用于都监之役，译官将往取来，问于从事李景稷曰："取来之时，何以为辞？"景稷曰："以我为已死。"译官又问公，公答曰："以使臣直受为言，不言国家之取用。"闻者叹服。其后五年，倭差到东莱，问我国宣慰使曰："朝鲜贤大夫如吴某者几人？"宣慰使给曰："如吴某者甚多。"倭差笑曰："朝鲜虽盛人才，如吴某必一人而已。"

戊午神宗万历四十六年（光海十年），公年六十岁。时光海以废母后事收廷议。奇自献[②]、李恒福、李慎仪[③]、金德诚[④]等以收议立异，相继流窜。大司谏尹讱[⑤]等力主废论，将加不测之罪，举国惊骇。公在家收议曰："今日处变，能尽其道，然后可以有辞于天下，无愧于后世矣。伏愿求古圣人能尽处变之道者而为法，使圣孝益大，圣德益隆。"

---

① 李景稷（1577—1640）：字尚古，号石门，朝鲜文臣，曾任兵曹参判、户曹判书等。

② 奇自献（1562—1624）：字士靖，号晚全，朝鲜文臣，曾任左承旨、左议政等，1597 年以进贺使出使明朝。

③ 李慎仪（1551—1627）：字景则，号石滩，谥号文贞，朝鲜文臣，曾任宗庙署奉事、南原府使等。有《石滩文集》存世。

④ 金德诚（1562—1636）：字景和，号醒翁，谥号忠贞，朝鲜文臣，曾任工曹佐郎、户曹正郎等。著有《醒翁遗稿》，去世后祭享于龟溪书院、文会书院、老德书院等处。

⑤ 尹讱（1555—1623）：字讱之，朝鲜文臣，曾任刑曹佐郎、同副承旨等。

时右相韩孝纯①等倡率百官，逐日廷请，公又不参。台谏即发窜论，光海犹以窜论为轻，答台启曰："收议右袒之罪，反轻于廷请不参，无乃奇、李之厄偏重耶？台谏可谓有权矣。"人皆危公，公待命于东大门外。时侪友抵书曰："遭此大事，何以处之？"公以"平生所学正在今日"八字答之。时戚连宫禁者，在同时论窜中，故光海以徐当发落为答，不即赴谪，淹留未决，不得已出往土塘墓下。光海以日本往来劳，特授嘉善，而公方待命，不得下批。当废论之初作，副学郑公弘翼②，月夜散步于庭，以杖击地曰："明朝之立异于此论者吴某乎？金尚容③乎？谁能与我同事？"盖公人望甚重，故郑公之言如此。

己未神宗万历四十七年（光海十一年），公年六十一岁。公方在论窜之中，故仍在土塘。

庚申神宗万历四十八年（光海十二年），公年六十二岁，仍在土塘墓下待命。是年六月，夫人李氏逝世。

辛酉章宗天启元年（光海十三年），公年六十三岁。公在土塘墓下待命。时倭情异前，恐有事变。光海命择文武可合将帅者，廷议以吴某曾为东莱府使，又奉使日本，为倭人所服，贤于数万甲兵，遂拟荐，光海以收议立异留中。

壬戌章宗天启二年（光海十四年），公年六十四岁。公自土塘，转往龙仁器谷村。神宗皇帝崩，泰昌继陟，天启即位，本国即当进贺，而自辽路阻塞，泛海朝天者相继淹溺，人皆厌避巧免。三月，起废公为贺极使，超授资宪阶。公闻命，即俶装趋朝。四月，借御议政。初

---

① 韩孝纯（1543—1621）：字勉叔，号月滩，朝鲜文臣，曾任吏曹判书、左议政等。著有《神器秘诀》《陈设》等。

② 郑弘翼（1571—1626）：字翼之，号休翁、休轩、休庵，谥号忠贞，朝鲜文臣，曾任礼曹佐郎、成均馆司艺等。1613年以冬至使出使明朝，著有《休翁集》，去世后祭享于钟山书院等处。

③ 金尚容（1561—1637）：字景择，号仙源、枫溪，朝鲜文臣、书法家。1598年以圣节使出使明朝，曾任礼曹判书、吏曹判书等官职。

三日，奉表发程。五月，自宣沙浦乘船，由登州抵北京。朝鲜久绝贡使，沿路衙门，待之甚厚，至有结彩迎之者。公在玉河馆，劳悴成疾，几不救，至于御医看病，兵郎来问，礼部入奏，特令礼郎授敕于所馆处，特赐表里四袭，华人见公仪表，或来问曰："此人乃当路之宰乎？"一行答云："相臣也。"华人笑曰："必是田野起废人。"盖华人闻知我国当日朝廷之昏浊，有此言云。八月，发北京到登州，到石城岛，遇风舵折，帆缆散落，几至淹溺。长年辈束手无策，公即着公服，纳敕于怀，正襟端坐，题五言绝于船窗曰："一死已前定，到此更何疑？从容整襟袖，坐待命尽时。"俄风定，易新舵，不至胥溺，实神明之佑也。其后公笑谓人曰："急遽间，不觉诗律差误。"十月，环到泊我境，到净土寺下，光海惑于日者之说，不即延敕。公奉敕淹滞村家，光海特拜公为议政府右参赞。

癸亥章宗天启三年（仁祖大王反正即位元年），公年六十五岁。正月、二月，仍在净土村舍。三月，圣上举义反正，奉迎国母，收用士类，首拜公为司宪府大司宪。有召命，公以为既奉皇敕，若无朝廷区处，不可率尔趋朝。即启禀朝廷，以为敕书中有废主名，自上迎受未妥，奉诣阙下，令承文院处置。改纪之初，当用刑典。公为宪长，持论和平，务循仁恕，被罪者亦感悦。上于筵中，问左右曰："罪人连坐之律，以疏远族为继后者，用法欲轻如何？"左右皆曰："然。"公独曰："父子天伦，岂以继后而有间乎？如是则天下父子之伦灭矣。"上即悟曰："卿言是矣。"仍用缘坐律。三月，兼同知春秋馆事。同月，尚衣院提调差下。因朴东亮[①]事遭严批，连上三札不许，不得已出仕，俄以处置乖当，引避得递。翌日政，特旨仍拜大宪，盖异数也。四月，参卜相望。同月，兼同知经筵事。五月，差元子师傅。师傅凡五员，

① 朴东亮（1569—1635）：字子龙，号寄斋、梧窗、凤洲，谥号忠翼，朝鲜文臣，曾任京畿道观察使、户曹判书等。著有《寄斋史草》《寄斋杂记》《放逸遗稿》等。

公及李廷龟[①]、郑晔[②]、郑经世、金长生[③]与其选。同月，活人署提调差下。同月，废人祗，自围篱掘地逃出，被捕。慈殿下封书于庙堂，诸大臣因慈教，请断以大义，台启亦以庙议为当。公翌日避嫌曰："昨日之启，几误圣德。"李贵[④]诸人曰："若吴某为宪长，则此论不可行。"掌令赵纬韩[⑤]等持论，并递两司，公因此递职，即拜议政府右参赞，兼知义禁府事。公出入经席，专心启沃，常以致力学问，克修本源陈启。上尝临筵，问："色、斗、得三戒孰难?"公对曰："色最难。"上曰："吾则以戒得为难。"公曰："不必蛊心妖物，夫妇之间，不能相接以礼，是亦不善于戒色也。"上改容曰："卿言然矣。"八月，拜吏曹判书。公秉铨后，一心奉公，收用士类，且记一时知名士，填拟筵仕，此辈未久皆布列清班。岭南[⑥]知名之士，亦多登庸仕籍。一时年少辈，致疑于多用一边人，颇有诮议，公终始不变，人皆感悦。十月，以鞫厅劳，加正宪阶。

甲子章宗天启四年（仁祖大王二年），公年六十六岁。二月，逆臣李适[⑦]自宁边府起兵，迫京城。公以吏判，扈从公州，还都后加崇政阶。时自上欲以公州[⑧]扈从人，尽录勋籍，公入侍经筵启曰："公州三

---

① 李廷龟（1564—1635）：字圣征，号月沙、保晚堂，谥号文忠，朝鲜文臣、学者，曾任大提学、左议政等官职。分别于1598年、1601年、1604年出使明朝，有《月沙集》存世。

② 郑晔（1563—1625）：字时晦，号守梦，谥号文肃，朝鲜文臣，曾任大司宪、右参赞等。1597年和1598年分别以告急使、冬至使出使明朝，著有《守梦集》《近思录释疑》等。

③ 金长生（1548—1631）：字希元，号沙溪，谥号文元，朝鲜文臣、学者，曾任户曹正郎、刑曹参判等。在礼学方面造诣深厚，著有《沙溪先生全书》《丧礼备要》《典礼问答》《家礼辑览》《近思录释疑》《经书辨疑》等，去世后配享于道基书院等处。

④ 李贵（1557—1633）：字玉汝，号默斋，朝鲜文臣，曾任三道宣谕官等。

⑤ 赵纬韩（1567—1649）：字持世，号玄谷，朝鲜文臣，曾任工曹参判、知中枢府事等。

⑥ 岭南：韩国鸟岭以南的地区，一般指庆尚北道和庆尚南道。

⑦ 李适（1587—1624）：字白圭，朝鲜武臣。1624年发动叛乱，史称"李适之变"。

⑧ 公州：现为韩国忠清南道公州市。

日之程，旬朔执鞿之劳，何至录勋？臣恐官方因此淆乱。”上从之。上还都，御庆德宫，即光海所建也，奢丽宏大。公启曰：“此宫侈泰无比，愿常瞻栋宇，以寓鉴戒。”三月，拜判义禁府事，即上札递。七月，乞递吏判，三告加由，不得已出仕。

乙丑章宗天启五年（仁祖大王三年），公年六十七岁。正月，三告递吏判。同月，拜知敦宁[①]。同月，拜右宾客[②]。同月，拜刑曹判书。同月，世子行冠礼，以此加崇禄阶。四月，三告再札，递刑判付军职。五月，拜礼曹判书。诏使王敏政[③]、胡良辅[④]等，以圣上封典出来，昏朝十余年仪文度数板荡之余，公为宗伯，收拾典章，录成仪注，与郑经世为左右赞礼，导引圣躬，动皆合礼，人皆称叹。七月，又拜吏曹判书，上札乞免，不得命。八月，参卜相望。

丙寅章宗天启六年（仁祖大王四年），公年六十八岁。公深忧仕路之不澄，欲防请托之纷杂，与诸堂上会公廨，各以闻见，荐一时知名士，录为小册，临政拟望。如承传中杂流多不得参，以不用承传下严旨，有堂上推考郎官拿鞫之命，公惶恐三告得递，拜知中枢府事。八月，以加土受由往广州，拜同知春秋馆事。公以为七十致仕，古人美意，自是为墓下终老计。九月，再陈疏，只递经筵。十月，拜右议政，上札辞职，圣批温谕，至遣史官，三札不许递。公以为上方向意经学，若还朝少有裨补，则至愿在此，即入城肃拜。

丁卯章宗天启七年（仁祖大王五年），公年六十九岁。正月，虏贼

---

① 知敦宁：即知敦宁府事，朝鲜敦宁府的正二品官职。敦宁府是为王室亲戚提供待遇而设立的官厅。

② 右宾客：朝鲜世子侍讲院的正二品官职，主要负责为王世子讲授经书史籍。

③ 王敏政（生卒年未详）：1625 年为册封朝鲜仁祖和为王后颁布诰命和冠服，王敏政以司礼监管文书内官监太监出使朝鲜。

④ 胡良辅（生卒年未详）：1625 年为册封朝鲜仁祖和为王后颁布诰命和冠服，胡良辅以忠勇营副提督御马监太监出使朝鲜。

犯境陷列城，朝廷始定议幸江都[①]，公承命，陪慈殿，内殿先往，大驾亦入岛中。虏贼到平壤，遣使请和，请永绝中朝，去天启年号，朝廷不许。虏使曰："不去天启，和事不可成矣。"且曰："国书依褐帖规式，不书年月。"朝廷将许之，公极言不可曰："畏和事之不成，苟从其请，甚不可。今用此规，不书年月，而贼若夸示天下曰朝鲜国书中，删去天朝年号云，则将何以辨明乎?"缕缕争之，朝廷不从。虏使又请与主上歃血同盟，朝廷将许之。公涕泣极谏曰："圣上岂可与犬羊同坐歃血乎？虽为宗社生灵，姑许羁縻，此则断不可从也。"上从之，只遣文武重臣与虏使同盟，上特命公往参，人或以初陈不可同盟，而毕竟往参讥之。公曰："主上之不与同盟亦幸矣，吾辈羞辱何足言?"盖出主辱臣死之义，而识者服其处变之得宜。朝廷以许和缓祸之意，奏闻天朝，奏文中多没实事。公大言曰："天朝有父子之义，虽不得已为今日缓祸之计，不可不敷奏以实。"闻者皆以公言为是。奏文中略不讳实状，后虽有蜚语，天朝颇不致疑，此则公之力也。四月，随驾还都。五月，又往江都，陪慈殿，内殿而还。九月，升左议政。

戊辰崇祯元年（仁祖大王六年），公年七十岁。正月，逆贼柳孝立[②]伏诛。以治狱之功，录正勋二等。公上札辞免，仍陈推官不可录勋，力争不已，只录告者，余皆还削。七月，呈辞十三度，递左相，拜判敦宁府事。十一月，拜领议政，连上札辞免，不得递。

己巳崇祯二年（仁祖大王七年），公年七十一岁。七月，左议政金瑬[③]入侍，极陈罗万甲[④]等党同伐异。上大怒，下教曰："罗万甲罪状。"

---

① 江都：即江华岛。此处指1627年后金攻朝鲜，仁祖避居江华岛事件。

② 柳孝立（1579—1628）：字行源，朝鲜文臣，曾任户曹参议、右副承旨等。因仁祖反正事件被发配，后又因煽动谋反而遭到处决。

③ 金瑬（1571—1648）：字冠玉，号北渚，谥号文忠，朝鲜文臣，曾任刑曹佐郎、兵曹判书等。

④ 罗万甲（1592—1642）：字梦赉，号鸥浦，朝鲜文臣，曾任工曹参议等。著有《鸥浦集》《丙子录》等。

问领右相以启，公与右相李廷龟回启，略曰："年少辈设有论议是非之事，不可以此成罪。"上命窜罗万甲，拿问金堉[①]，公与右相又陈札救解，上即命引见。公于榻前，缕缕陈启，圣怒稍解，命罗万甲减配中途，金堉门外黜送。时大提学张维[②]，以疏救万甲，命补罗州[③]。公与右相，陈札请留，上不许。

庚午崇祯三年（仁祖大王八年），公年七十二岁。时同知李命俊[④]以宫禁不严事及时弊上疏，启下备局，公以首相回启曰："所谓媒进之人，罪不容诛。"盖戚连宫禁者，潜进二姬，故疏意指此，而备局回启又如此，上大怒，屡下严批，公与僚相，诣阙待罪。三月，进大学进讲札。十一月，以请寝追崇事上札，兼陈情辞职。十二月，迁宣祖大王陵，公承大王大妃命代奠，又以奠币官往参。

辛未崇祯四年（仁祖大王九年），公年七十三岁。时延平府院君李贵以追崇事诋大臣，公呈告不出。四月，招大臣问追崇事，各陈不可之意，台启亦发，批曰："大臣中有与李贵不和者，独当排抑，盖指左相金瑬而言也。"公上札辞职，仍陈惶悚之意。上答曰："昨日之教，非谓卿等，安心勿辞。"玉堂又上札，斥两司疲软，上盛怒，命拿推应教[⑤]、李行远[⑥]等五人。公上札，首陈金瑬之事，次陈行远等不可罪，

---

① 金堉（1580—1658）：字伯厚，号潜谷、晦静堂，谥号文贞，朝鲜文臣、学者，曾任正言、刑曹参议、兵曹参判等。分别于1633年、1643年、1645年出使明朝。著有《潜谷遗稿》等，去世后配享于迷源书院、凤冈书院、启蒙书院等处。

② 张维（1587—1638）：字持国，号鸡谷、默所，谥号文忠，朝鲜文臣、学者，曾任大司宪、吏曹判书等。精通程朱理学，兼顾阳明学，在天文地理等方面造诣颇深。著有《鸡谷集》《阴符经注解》等。

③ 罗州：现为韩国全罗南道罗州市。

④ 李命俊（1572—1630）：字昌期，号潜窝、退思斋，朝鲜文臣，曾任户曹参判、刑曹参判等。

⑤ 应教：朝鲜弘文馆和艺文馆的正四品官职。

⑥ 李行远（1592—1648）：字士致，号西华，谥号孝贞，朝鲜文臣，曾任吏曹判书、兵曹判书、右议政等。1636年护送朝鲜世子前往沈阳，1647年出使清朝。

与右相诣宾厅，请寝追崇之命，上不许。八月，引疾呈告，又上札辞职。九月，蒙递，即拜领敦宁府事。冬，再上乞退疏，并不许。

壬申崇祯五年（仁祖大王十年），公年七十四岁。五月，公退归于广州土塘。朝家议礼之后，言不见用，事多矛盾，归田之计，已决于心。但以国事艰危，身在大臣之列，不敢告退。至是始定渡汉之意，以加土请由，临行，因上札本，书进朱文公行宫便殿奏札及我朝退溪李先生戊辰封事，盖敦勉圣学之意也。再上札乞递兼带，且陈病状，上不许。未久，慈殿违和，不得已还朝，遭国恤，卒哭后又再陈乞骸疏，上并不许。

癸酉，公年七十五岁。时公有决退之志，人或以为不可，公答曰："老物十年迟回者，庶几上心之敦学，今则自上倾心政事，无意本源上，我虽在朝，无益也。虚食君禄，古人所耻。况年过致仕，不退何为?"七月，以休沐受由，仍为辞退计，自广州浴井，直还墓下。出城之日到汉水，舟中吟成一绝，有曰："百病丛中一息绵，圣恩怜许沐寒泉。平生汉水寻常渡，今日行舟泪自涟。"是月，有仁政殿震击之变，公以正殿有灾不得问安，上札待罪，则上屡遣史官，谕以必来之意，又遣内医看病，东宫亦频遣宫官问疾。九月，拜左议政。公又上札辞职，天听愈邈，遣史官批答，遣承旨敦谕，前后召命络绎，公以为上方遇灾竞惕，锐意求治，庶可因此开导。三疏之后，力疾还朝，肃谢日即陈启辞，上以卿今上来，孤甚喜幸答之，东宫亦宣酝。

甲戌崇祯七年（仁祖大王十二年），公年七十六岁。五月，死事将李重老①子文雄为复父仇，白日都中，斩李守白②。上命议大臣，公以为不可以一时虑后计，伤万古纲常，文雄等免死，配中道。七月，公

---

① 李重老（1577—1624）：字镇之，号松溪居士，谥号忠壮，朝鲜武臣，曾任五卫都总府副总管等。在1624年发生的"李适之乱"中战死。

② 李守白（？—1634）：朝鲜武臣，与李适一起发动"李适之乱"，后被李文雄和朴之屏斩首。

重得头痛面浮症，上札辞职。上遣内医看病，赐药物。八月，下追崇入庙之命。公方在病中，即札陈昭穆相承之序，成庙难迁之意，札本留中，批答欠和，平呈辞不出，两司又请寝追崇。上大怒，黜大司宪姜硕期①、大司谏赵廷虎②等八人，公札陈同被罪罚之议。又以世室昭穆等语上札，又上章因申前札之意，仍呈告凡五十度，屡遣承旨敦谕三十度，后继陈辞札，上不许。十二月，亲撰一书进东宫，盖劝学之意也，东宫遣宫官赐答。自秋至冬，呈辞凡三十余度，上一向不许。公有决退计，故欲一望天颜，陈暴所怀，因迓岁问安出仕。

乙亥崇祯八年（仁祖大王十三年），公年七十七岁。二月，设元宗大王祔庙都监，公受都提调之命。人或问公曰："今兹祔庙，公终始以为不可。今者行公都监，未知何如？"公曰："追崇非古则当初力争，大臣之责。朝家定礼则承命供职，臣子之义。"闻者皆以为然。三月十四日夜，大风雨大雷电。翌朝，穆陵参奉报礼曹，穆、惠两陵一时崩颓，礼曹贴此入启。浮妄之辈，唱谓震变，交口喧说，朝廷初不免疑信，公与僚相诣阙陈启，劝上遇灾修省，且以燮理乖和待罪，仍请停祔庙后陈贺饮福等礼。上命公奉审两陵，公与礼判洪瑞凤③、缮工提调申景禛④等诣陵奉审，盖封墓未久，莎根未固，猝遇急雨，莎土崩颓非震灾也。公复命以所见面启，时以陵上震变，讹言渐盛，刑曹参议罗万甲陈疏请罢斋郎而疏中有上下相蒙忌讳灾异等语。两司以不论斋郎，引避退待，玉堂靡然于万甲之议，尽递两司传曰："雷震先陵，是罔极之事，为人臣子者，知其不实，则当喜幸。而万甲独以相蒙讳灾为言，是诚何心？"玉堂处置札意，亦似信万甲而疑大臣，甚无谓，副提学以

---

① 姜硕期（1580—1643）：字复而，号月塘、三塘，谥号文贞，朝鲜文臣、学者，曾任右议政等。

② 赵廷虎（1572—1647）：字仁甫，号南溪，朝鲜文臣，曾任兵曹参议等。

③ 洪瑞凤（1572—1645）：字辉世，号鹤谷，谥号文靖，朝鲜文臣，曾任右议政、领议政等。

④ 申景禛（1575—1643）：字君受，谥号忠翼，朝鲜文臣，曾任左议政、右议政等。

下并推考。于是年少辈徒仰万甲之口，论议极峻。公欲呈告引入，恐有妨言路，但杜门谢客而已。俄以金吾罪人放释事会议，公不赴，上下教曰："万甲敢发无状之言，使无罪大臣，不安厥位，姑先罢职。"公即上札救解，且曰："吾若因此引入则万甲之被罪必重。"翌朝，入侍朝讲，首陈为学之方，且陈山陵制度宜遵祖宗俭约之制，且陈大君家舍间架之数，皆宜减损，继陈罗万甲言虽不实，心则无他，不可以此罪之，请还收罢职之命，缕缕不已，上不许。后数日，正言宋梦锡①又请拿问当初摘奸时中使、史官及参奉，以下虚实，时外间传播曰："中使、史官摘奸时，皆以为震变。"而复命时不以实对，讹言盛行，公即上札请再审，上不许。即并拿奉审时中使、史官及本陵参奉推核，则事皆归于孟浪。而众疑犹未解，讹言犹未息，公以为在大臣之列，不见信于人如此，不宜晏然于具瞻之位，即呈告。翌日出寓东湖，或单或疏，以递为期，俄右相以下诸宰，两陵修改后入来书启，以为因雨崩颓之迹，十分明白，小无可疑。自此讹言稍息，而公欲因此退归，前后辞单二十一度，上札十一度，上牢执不许。屡遣近侍，公虽黾勉还朝，自此益无意世事。公务外不与外人接，命子弟修治精室，案上只置《近思录》《心经》默然深坐者数月。十二月，仁烈王后薨，公为总护使，啜粥饮处冷地者凡六七日，得寒疾颇重，见者劝公辞递。公以为君母之丧，臣子不宜言疾，症势虽剧，招郎寀于便房，口占启辞以授，俄上命庙堂，议大行王后谥。公连日强病往参，扶曳还家，自是委身床席，气息如缕，而微语谆谆，皆国葬事，不得已陈札辞职，上不许。当初国恤成服日，礼曹以殿下服为不杖期，上问于大臣，公献议曰："先朝誊录虽如此，自今遵行古制，为后世法，甚盛事也。"上命依议，时公病益剧，上连赐药物，遣承旨问疾，东宫亦遣宫官问疾，公父母忌皆是月也，虽病剧中，行素如旧。

---

① 宋梦锡（1595—?）：朝鲜文臣，曾任正郎等。

丙子，公年七十八岁。正月，公病势弥剧，言语在喉间，如梦中语者皆国家事也。子弟进药则止之曰："吾年位已极，此正冥然归尽之时，岂可有赖于药饵乎？"上遣承旨，东宫遣宫僚，掖庭下人，日三到门。如私家伻候，异数也。语子弟曰："虽死少无系念，只是不得更瞻天颜，敦勉圣学，为身后恨。"且曰："吾遭遇圣明，不得挽回世道，于身无德，于国无功，凡墓道文字及请谥求挽倩人揄扬之事，并已之。且治丧宜俭约，丧舆等物，切勿以文绣为饰。"且曰："世俗初丧殷祭，非礼也，切勿效之。"适于寝房外，有鹊鸣于树上，命子弟拈笔记一绝曰："寒鹊飞鸣庭树枝，枕边声到我心悲。微诚拟待朝筵尽，此夕那堪永别离。"公自江上入来，欲一侍朝筵，尽陈所怀，缘国家多事，不得登对，落句怆惋之辞乃此意也。易箦之时，命子弟铺新席，高枕东首，屏去妇人曰："君子死，妇人不得临视。"申时属纩，凡治丧诸事，一遵遗命。东宫送所御衣三袭，命中官限成服不离护丧，成服后上命都承旨金庆征①致吊。初丧，辍朝三日。四月，永窆于龙仁慕贤村巳坐亥向之原，而自上遣官致祭，设礼葬，终始恩数无憾焉。初终殡敛后，见常服衣带中有小纸手所记录五六款。第一，敦圣学也。第二，逆珙过年处子成昏也。其他皆国家事，盖欲登对面陈而不及也。公亡前一日，大星殒于北岳，其声如雷，望气者以为台星云。且公在东湖亭舍时，梦大星自怀中飞去，盖公诞之时有星梦。故对人言曰："吾其不久于世。"至是果验。

---

① 金庆征（1589—1637）：字应善，朝鲜文臣，曾任江都检察使等。

《楸滩集》卷一

序

余本不能诗，亦不喜钩思苦吟，凡遇兴触物，自然成句则书，不成则不强也。丁巳年奉使日本，壬戌年泛海朝天，总得若干首，芜拙生疏，皆不可挂人眼者，但直述情境，一一从肝肺出来，绝无尚文浮实处，宜录藏箧笥，以为他日子孙阅览追远之资也。

五言绝句

结城村墅

（己亥，弃官。庚子，归结城农舍。）

海曲深深处，松篱寂寂中。
闲吟靖节句，开户卧清风。

召公台[①]

（江原方伯时。）

景物随时好，民生到处哀。
未宣南国化，空上召公台。

自戡蛮夷发船，船上偶占，题行中圆扇，示从事李公[②]景稷

（奉使日本时。）

已将身许国，无复梦还家。
直挂风帆去，扶桑万里波。

流芳院[③]

（南有泉流盘石之胜，日与副使、从事散坐溪石偶吟。）

临流散鬓发，坐石清衣巾。
正似寻山客，不知槎上身。

在大德寺馆中次副使韵二首

钟尽梵宫夕，风生松树枝。
客怀那得睡？寒气透重帷。

露湿寒蛩咽，风高归雁哀。
年光忽已晚，客子几时回？

---

① 召公台：位于韩国江原道三陟市远德邑临院里。1403 年，地方百姓为赞扬黄喜（1363—1452）的功德，将其比作中国的召公而建立的台。

② 李公：李景稷（1577—1640），字尚古，号石门、孝敏，朝鲜文臣，曾任京畿道观察使、户曹判书等。1617 年出使日本，1622 年被派往椵岛与明朝毛文龙商讨时局。

③ 流芳院：位于对马岛的寺院。

宿鹿岛前洋

（朝天时。）

岂是轻生客，分明取义翁。
极天风浪夜，何事宿洋中？

过黄骨岛前洋

直泛蛟龙窟，傍看豺虎乡。
坦如平地去，方信好心肠。

宿西獐子岛夜吟

岛外正风浪，沙边舟自如。
夜深蓬底静，明烛坐看书。

七夕夜吟

河桥伤别雨，庭院落梧秋。
万里孤舟客，那禁此夜愁。

石城岛洋中

（石城船败日，生理已绝，自然成此绝句。书船屋窗纸，船定后始觉无律，失其常度可知。）

一死已前定，到此更何疑？
从容整襟袖，坐待命尽时。

挽郑判书经世三首

世远嗟吾道，天胡丧我贤。
文章与学术，无复见才全。

前年重见札，言病不言心。
拟待相逢尽，那知遽断琴。

仪形长在眼，论议怳才闻。
恸哭今何处？余生独世纷。

挽延平府院君李公贵四首

宗社勋名重，朝廷位望崇。
台班迟一步，遗恨在宸衷。

志决身循国，千言更万言。
艰虞犹向日，谁抗救时论。

兼全富贵寿，贤子又贤孙。
今世无伦比，何如万石君？

毋党公尊属，师门我弟行。
平生情义重，不为辨论伤。

挽人

就速沙翁日，勤寻病蛰人。
丁宁新岁约，悬榻只沾巾。

榜会轴次愚伏韵送李三陟埈[1]

苦乐既云别，分离何足愁？
吾奔备局日，君卧竹西楼。

望洋亭

极目斜阳外，亭前水尽天。
平生望洋恨，到此更茫然。

七言绝句

立春日书壁

（少时作。）

一年今日即为春，天地中间尽是春。
闲来净扫朝暄坐，人道君边别有春。

英陵参奉时作

十日到官九日河，支离常笑老东坡。
骊江我亦春深后，五日五看江上花。

咏黄梅

（在牛溪门下时。）

二月凄凄风露多，洛城桃李意如何？

---

① 李埈（1560—1635）：字叔平，号苍石，谥号文简，朝鲜文臣，曾任刑曹佐郎、庆尚道都事等。1604年以奏请使书状官出使明朝，著有《苍石集》，去世后祭享于玉城书院、愚谷书院。

怜渠不较春情薄，早向溪南自发花。

清涧亭二首

青草亭中尽意游，永郎湖畔更迟留。
日暮始寻清涧路，笙歌移入海棠洲。

清歌长笛月黄昏，徙倚朱栏酒半醺。
休道海涯游宦苦，客行随处尽君恩。

甲山①门楼偶吟

客愁无赖强登楼，楼下春江向北流。
江向北流何处去？客心长是在南州。

鲁陵②二首

寥落千山积雪时，冷云残照更凄悲。
居人共说春江好，只怕春来有子规。

衰草萧萧松柏疏，寂寥山下数僧居。
渔翁不解伤心事，蓑笠寒江坐钓鱼。

三岳山城

绝顶清秋倚石台，汉城西望五云开。
可怜山下昭阳水，流到沙平几日回。
（老亲住在沙平南村，故寓怀也。）

---

① 甲山：位于韩国忠清北道丹阳郡的山。

② 鲁陵：即朝鲜第六代王端宗之墓。

游枫岳赠僧

十有五年重到此，岩峦水石更多情。
只怜人事能迁变，新面沙弥总后生。
（前为平康县监时，曾游此山故云。）

邀仙堂

邀仙堂中秋月白，邀仙堂下清江流。
江清月白绝萧洒，倘有仙人来共游。

邀仙堂次忘轩韵

山翁为我出山来，别我又从江路回。
此意已勤无以报，小诗聊复为君裁。

吉州次李子敏安讷①壁上韵

孤馆寥寥夜正中，淡云残月在西峰。
可怜枕上还家梦，不道山千水万重。

麟蹄②途中

路从林下转溪边，花扑征衫柳拂鞭。
尽日水声山影里，此行仍欲访神仙。

示金陕川昌一③

簿牒有时和睡判，琴歌聊复倚窗闻。

---

① 李安讷（1571—1637）：字子敏，号东岳，朝鲜文臣，曾任刑曹判书等，1601年以书状官出使明朝。

② 麟蹄：现为韩国江原道麟蹄郡。

③ 金昌一（1548—1631）：字亨吉，号四寒，朝鲜文臣，曾任同知中枢府事等。

吏退小轩无一事，满庭疏雨自黄昏。

题尹孝肃亭壁

独坐寒斋月有期，小窗风气夜深知。
不是胸中无一物，正如高释默言时。

次舍弟韵

寒侵姜被梦难圆，衰境离怀倍惘然。
却算归程课日子，月明今夜宿龙泉。

挽洪承旨遵①

丛竹交情老更深，自期履杖永追寻。
病夫未溘君先逝，独立西风泪满襟。

结城村居

浦口斜阳白鹭飞，垄头青草牧儿归。
轻风更拖断雨去，病客倚窗成小诗。

在溪上和牛溪先生韵

优游聊作养疴人，休道初心在隐沦。
劝溉问耕兼采药，春来何事不经纶？

次牛溪先生韵

一读规箴忽反身，十年忧叹倍今晨。
不是全然无意者，如何长作旧时人？

---

① 洪遵（1557—1616）：字师古，号槐阴，朝鲜文臣，曾任司谏、工曹参议等。

附先生原韵

草根风露冷侵身，勤苦声声夜向晨。
感尔微虫能尽性，白头重愧最灵人。

次李月沙廷龟韵

已将身世落东华，此日相分可奈何？
千里襟期如一席，莫言门外是天涯。

次柳川①韵

（辛丑春，从事体府，兼以暗行御史将行，副体察韩公浚谦方在府中，以诗见寄。）

白头从事但行行，骑马曹名亦不明。
三月幕中无一策，见花还起故园情。

腊前盆梅

栽盆沃水近氤氲，净几明窗座上春。
未有主翁培埴力，雪中那得见天真。

地种梅

穷阴虐雪乾坤闭，玉质含情弱不开。
谁识苦心桃李别，共言非是腊前梅。

次舍弟都正自叹韵四首

孤忠诚欲效涓埃，怀恋枫宸久迟回。
图报国恩终有日，知君缘此未归来。

---

① 柳川：韩浚谦的号，详见前文注释。

青袍白首亦堪羞，其奈萱堂桂玉愁。
乌鸟感怀西日昃，知君缘此未归休。

松楸花竹各新班，洞壑烟霞尽旧颜。
春到园林看更好，即今相与共归山。

山光雨后正婵妍，物色朝来更可怜。
闻说西畴春事晚，即今相与共归田。

复次前韵

草堂晴日绝纤埃，春梦参差晚自回。
隔岸忽闻相唤语，村童寻伴拾薪来。

幽独能无屋漏羞，厄穷曾不向人愁。
从今甚拙桑榆计，反照怡神自日休。

先朝曾忝侍臣班，前席从容近玉颜。
世事变迁身老病，白头垂泪卧穷山。

逢春节物尽婵妍，惟有残生足可怜。
幸荷圣恩天地大，一年犹得保园田。

挽崔永兴起南①**三首**

青门春雨拥蓑来，引榼开壶劝我杯。

---

① 崔起南（1559—1619）：字舆叔，号晚谷、晚翁、养庵，朝鲜文臣，曾任正郎、兵曹佐郎等。因担任过永兴大都护府使，故本诗中称“崔永兴”。

当时只道长沙别，不道重泉此别哀。

同庚同业又同邻，洛下从游五十春。
荣悴行藏略相似，病夫能得几时人。

嗟君怜我长沙谪，赠我七言离别诗。
谁谓生离即死别，我诗还是哭君辞。

挽吕右尹裕吉①**四首**

君昔归耕江上田，劝吾同占一江边。
吾计已□君又逝，可怜风月属渔船。

青门寻我雨中来，怜我长沙去不回。
谁料今朝君更远，乱山深处水萦回。

去岁君来釜浦日，吾方病卧杜门时。
隔江未遂相寻约，仍作重泉此别离。

先我而来去又先，共游人世几多年。
只是深情终不变，更随泉下结前缘。

（昏朝时，以廷请不参，收议立异，台谏方以远窜论启，故出青门外待命时也。）

---

① 吕裕吉（1558—1619）：字德夫，号春江，朝鲜文臣，曾任户曹正郎、春秋馆编修官等。因担任过汉城府右尹，故本诗中称“吕右尹”。

寄示申敬叔钦①

（庚子冬，在京寓舍，无窗牖，虽昼常暗，敬叔常病之。）

多病怯寒常起晚，不嫌房暗曙通迟。
蒲团贴背朝温足，忽似湖庐晓卧时。

闷旱

今岁又逢前岁旱，穷居深念但伤神。
田翁不解阴阳理，苦道旻天不爱人。

太宗雨

（谚传我太宗末命曰："予生不得泽民，予讳日，常以雨救旱云云。"五月初十日，即忌辰也。）

圣主乘龙二百年，一言凭几信如天。
至今五月初旬日，每沛甘霖润旱田。

题东莱梅堂

今年梅信苦迟迟，春半方看第一枝。
休道花开雪尽后，最怜香动月明时。

赠宋仁叟英耉②

养竹莳花昼掩扉，小庭寥寂客来稀。
平生心事无人识，惟有楸滩老友知。

---

① 申钦（1566—1628）：字敬叔，号象村、玄轩、玄翁、放翁，谥号文贞，朝鲜文臣、学者，曾任同副承旨、礼曹判书等。1594年以书状官出使明朝，著有《象村集》《野言》等。

② 宋英耉（1556—1620）：字仁叟，号瓢翁、暮归、白莲居士，朝鲜文臣，曾任刑曹参议、庆尚道观察使等。1613年以圣节使出使明朝，著有《瓢翁文集》。

题春川[①]崔进士尚训[②]七松亭次主人韵二首

疏枝一面见前山，倚树长吟尽日闲。
满地绿阴人不到，夕阳唯有鸟飞还。

屋下晴川屋上山，羡君长卧一生闲。
堪笑此身成底事，暂时东去又西还。

谢赵守初存性[③]来访二首

昨夕君来求我诗，今朝送人又申之。
数年愁病诗专废，一字吟成亦苦迟。

江外孤村雪拥篱，冷烟斜照鸟栖时。
柴扉寂寞谁相问？今日逢君亦不期。

偶吟

残花经雨不禁飞，江路萦纡客到稀。
芳草绿阴风日暖，试呼童子换春衣。

摩诃衍

莫言老夫无脚力，每逢佳处便先登。
明朝又自摩诃衍，拟向毗卢第一层。

---

① 春川：现为韩国江原道春川市。

② 崔尚训（1557—？）：字汝钦，朝鲜文臣。1601年参加式年试中进士三等。

③ 赵存性（1554—1628）：字守初，号龙湖、鼎谷，谥号昭敏，朝鲜文臣，曾任刑曹参判、户曹参判等。

次东莱莲堂韵

埋没官庭草不除，数椽茅屋一床书。
梅兄竹友长相伴，休道年来苦索居。

次金陕川昌一韵

（金陕川好禅学，故云云。）
今若寻乡定得回，一番离别不须哀。
归时更寻吾门户，怕有并州别路开。

次诸侄儿盆梅韵

青枝袅袅纵横秀，玉蕊垂垂渐次开。
不放清香闻户外，此间谁识有寒梅。

苦无寐

今年无寐甚前年，困后才成亦不坚。
忽忆少时山榻夜，读书灯下对书眠。

次诸侄惜梅韵二首

老夫无伴伴梅花，梅亦落花将奈何？
只惜清香留不得，一时荣悴岂深嗟。

青玉枝间白玉花，此兄标格问如何？
分明鼎里调羹物，零落穷村诚可嗟。

更步惜梅韵

自然花落又开花，开落无私落奈何。
只是世人徒玩物，开时欣赏落时嗟。

寄吴君翻[①]

昨夜灯前风雨声，念君行路却心惊。
为缘老子曾伤虎，风雨来时独有情。
（时吴方水路朝天。）

在西郊时偶成寄月沙

（时自京师回还，未得复命，久在西郊苍野月沙别墅，春风花发山僧寄郑圃隐之句。）

苍野清川绕舍流，问君何日此优游？
江南花发山人句，时复长吟不自由。

江陵赠府使朴敬业

花飞千树已成尘，处处园林绿叶新。
瀛海使君多好事，客窗留得一枝春。

释王寺次金叔度尚宪赠僧韵

溪边踯躅落缤纷，绿树禽声上下闻。
居僧莫怪悠然见，浓淡山颜是白云。

永兴馆四月八日

池边风柳绿丝轻，池面新荷拳叶生。
惆怅故园今夕月，满庭梨雪为谁明？

---

① 吴翻（1592—1634）：字肃羽，号天坡，朝鲜文臣，曾任同副承旨庆尚道观察使等。1625 年以谢恩兼奏请副使出使明朝，有《天坡集》存世。

竹岭[1]山祠

山殿寥寥松柏阴，行人下马却收心。
这个好时谁会得？彦明千载是知音。

示江陵府使

我入山时君已回，恨无期日少安排。
深处却恐君未到，每逢奇绝重徘徊。

清涧亭

无论某水某山好，一带元来钟得精。
海棠披锦沙鸣玉，十日长程步步清。

凤凰台

凤凰何处只空台？时有游人自往来。
二水三山浑昔日，清诗谁是翰林才？

题请留状中

梨花初发杏花飞，篱外平田麦渐肥。
归计未成春已晚，如何禁得故园思？

（此诗，任东莱时辞状将递，邑儒联名呈状请留，题此于状中以赠之。）

次安东楼上韵

（奉使日本时。）

池塘荷雨挠梦回，杨柳轻风洒面来。

---

① 竹岭：位于韩国庆尚北道荣州市丰基邑与忠清北道丹阳郡之间的山岭。

茶罢客归仍倚枕，渐看斜日上阶苔。

次东莱莲堂韵

一别蓬山岁几除，壁间开眼是吾书。
明朝更向扶桑去，却望并州恋旧居。

（庚戌年，为东莱时，偶吟一绝句，书于莲堂，适为邑儒所得，去官后仍入梓悬壁。丁巳，以回答使到东莱，见壁间手字，感而次之。）

左兵使李公得宝琴，求诗甚恳，书此以副

岛石年深枯自死，碧枝曾许凤栖依。
奇遇从来天有意，故教风雨滞僧归。

（兵使言，有一僧于兴海岛中石上，得古桐自枯者，欲持赠东莱府伯黄公汝一①，到蔚山逢风雨，绝粮留滞累日，仍纳于兵使云云。）

在釜山，逢大风雨，副使书一绝以示，次韵赠之

大风驱雨日光昏，骇浪掀空霹雳奔。
海子船人浑辟易，独持孤节立乾坤。

马岛馆中听雨

板屋雨声圃隐诗，平生曾咏未曾知。
昨来蛮馆逢真境，始觉当时即此时。

① 黄汝一（1556—1622）：字会元，号海月轩、梅月轩，朝鲜文臣，曾任醴泉郡守、掌乐院正等。1598年以书状官出使明朝，著有《海月集》。

赠规伯方师二首并引

（往在己酉，余承特命授东莱，催赴任所，盖以酊庵长老方以客使留馆也，余下车之日，适长老乘船待风之时矣。长老闻余到任，于船上送一书，为道未及相见之意，略曰："琴以不敲为高，棋以不着为妙，交以不遇为神，然则仆之不遇乎足下，其亦有神乎？"兹数句语意清新，至今九年，常往来于心。今到马岛，酊庵已作古七年矣。唯幸得见规伯方师，师是酊庵高弟，文翰之才，殆不让于其师者也。数日承款，足见雅致，仍拈录酊庵书中数语，以供一览。）

忆曾我到蓬山日，正值仙巢解缆时。
十年人事幽明隔，空记华笺数句辞。

仙巢衣钵属方师，云水生涯海鹤姿。
为写数行前日事，纸端仍赠二篇诗。

对马馆中赠从事李公

（景稷，馆中有松台，前夕，与从事乘月听琴而罢。）

客病添愁苦未裁，对君唯觉好怀开。
更待月明深夜后，共携琴语坐松台。

在流芳院时，宗方来见，从容款语，仍书一绝句，求和甚恳，坐上次赠

逢君宜笑不宜颦，语不相通意自亲。
坐对水声山影里，玉壶秋月净无尘。

（宗方诗，有相逢何事即长颦，异服殊音不可亲之句，故云云。）

发赤间关二首

文字城头霁月明，赤间关外晚潮生。

东来已是三千里，更拟催船月下行。

胸中分义寻常重，海上风涛便自轻。
君子秉心神所劳，勉将旗字尽吾诚。
（船上身旗，铭忠信笃敬四字，常在眼中故云。）

安德天皇庙次副使韵四首并引

（赤间关，有安德天皇庙。安德年幼，强臣起兵，安德避兵西海，到赤间关，累战穷蹙，有侍女一人，负安德入海，后人为之立庙。松云作七言绝四首留庙下寺，副使次其韵以示。）

势蹙兵摧计已穷，片帆无路更回东。
可怜老妇能全节，背负遗孤赴海中。

惊魂零落小庵旁，遗庙凄凉草树荒。
欲问往时兴废事，碧山无语海茫茫。

夷运当年属大艰，存孤无计乱锋门。
至今鱼腹藏遗恨，长使居民泪满颜。

安德存亡不足怜，如何使我一伤神。
堂堂万古男儿事，幸见蛮中一妇人。

夜坐听琴次座上韵

孤馆寥寥秋夜深，客怀无赖一张琴。
琴中最是商声苦，听到商声泪不禁。

自蓝岛发船向日岐观日势

（恐未及日岐还向柏岛。）

碧海长天重复回，乱云斜日掩还开。
风帆万里西归客，视暮还寻近岛来。

在日岐岛中

留处闲闲展枕席，行时草草卷琴书。
随遇安身自有宅，不须州里是吾居。

还渡釜山，走笔示从事

扶桑海路八千里，问子何能好往来。
王灵远畅神明佑，两袖清风自渡回。

发铁山稷岛

（朝天时。）

万里风涛一叶船，帝京何处指云边？
愚衷只解朝宗义，王事宁论我独贤。

望见登州山

遥望登州点点山，欣然如见故人颜。
一时船上欢声合，方信人间此路难。

登州船上次枫桥夜泊

（城外有寺，时闻钟声。）

潮落汀沙已暮天，客愁如海倚蓬眠。
城边古寺钟声到，疑是枫桥夜泊船。

登州城外水如天，愁倚舵楼夜不眠。
家在汉滨身万里，任教江月属渔船。

登蓬莱仙阁

独登仙阁思悠然，万古无疆只有天。
回首茫茫碧海水，几年还是种桑田。

过昌邑县道中偶吟

垂柳浓阴十里程，软沙芳草马蹄轻。
联鞭相映碧丝去，正似寻春游冶行。

次书状过陈仲子古里韵

（在长山县。）

云是于陵仲子墟，避兄离母问何如？
当时邹圣宜明教，今日金夫可式闾。

过邹平县范文正公旧寓二首

平生嘐嘐古人风，后乐先忧独有公。
今日幸经遗躅地，绝胜空对简篇中。

西贼当年惊破胆，折冲元不在交锋。
即今关塞方多难，安得军中此老胸。

历山书院

（在济南城西南。）

历山古迹无寻处，空院千年但记名。
犹有传心十六字，祗今昭揭日星明。

过禹城漯水

（此地建宫立像。）

平成奠粒九州功，何独名城又建宫？
试向漯水西北望，方知帝德此偏蒙。

董子庙

明言道义分功利，西汉宗儒见最高。
自是不窥帷外地，任教庭宇没蓬蒿。

德州乘船日偶吟

却自登莱地上行，二旬才过济南城。
又从河口沿河路，仍到天津向玉京。

御河船上遇逆风

舟逗沙湾波逆回，落帆三日未曾开。
河神亦解朝宗义，何惜便风顺水来。

系舟沧州店前

岸蓼汀沙水店前，满天风雨滞行船。
朗吟吾道沧州句，笑向烟波倚棹眠。

病卧

（馆中感戴皇恩，成一绝句，呈序班佥位，以为别后相念之资。）

小邦微价荷皇恩，眷遇超常锡赉蕃。
别后皇城长在梦，梦皇城日便怀君。

玉河馆，庞生临别求诗，题扇以赠

（庞生名成，馆牌子之首也。）

东岳庙前初识面，玉河桥畔久相从。
临分却愧无情报，数句离词写扇中。

临别殷勤求我诗，求诗要是慰相思。
相思何处如相见，一阵清风到面时。

土桥店舍晓发次壁上韵

霜晓闻鸡起揽衣，即收行李尚嫌迟。
何当稳卧蓬庐下，睡到南窗日午时。

到邹平县驿亭柳阴下

（北望帝京，东向我国，此其歧路也。）

驿亭杨柳依依树，能记征人昔往时。
北望东归均恋阙，此行赢得鬓成丝。

过齐景公墓

遗泽流风何处问？路边杯土倚残碑。
当年不尽牛山泪，今日行人亦自垂。

舟中遇初度口占

（十月十二日也，丁巳年，逢此日于马岛，今日又泊石城岛中，感而书。）

昔年马岛逢今日，霜落寒汀橘政香。
石岛又看今夕月，年年此日海中央。

鹿岛月下

平生志学孝移忠，穷达无心任上穹。
只有恋君忧国念，海天明月照丹衷。

西郊时有怀口占

（壬□二月。）

圣作河清应一千，贺臣槎路海无边。
生还此日诚非分，只荷宸衷感上天。

挽李同知惟侃①

二品之官八十寿，人间福禄孰如公？
且看两子名声焕，喉舌论思首席空。

挽锦溪君朴公东亮

湘水几年伤远离，西江颇慰易前期。
沉绵竟负情中事，颜面空凭数句诗。
（锦溪尝赠诗云：“洪纤尽被陶白化，只是无私一鉴悬。”）

挽崔知事埙

孝友至情吾所钦，半生倾倒许知音。
曾年一语君应记，长卧青山是放心。

---

① 李惟侃（1550—1634）：字刚仲，朝鲜文臣，曾任四山县监、敦宁府都正、同知中枢府事等。其为人亲善，刚直不阿，办事果断。

挽韩知事德远[1]

寿星天上忽沉辉，耆德人间渐见稀。
乔木旧闾秋寂寂，夜灯空照小堂棋。

汉江船上偶吟

（癸酉七月，以沐浴呈辞出来时，而意欲因此永退，故有泪自涟之语。）

百病丛中一息绵，圣恩怜许浴寒泉。
平生汉水寻常渡，今日行舟泪自涟。

挽五寸侄女徐贞履妻沈氏

吾弟丧终未几时，可怜贤女又何之。
清年淑质皆堪惜，最是伤心无一儿。
（皆，一作俱。）

挽人

百病经年不起身，晚闻君讣只伤神。
可怜花柳园亭约，何处春风问主人？

棋罢偶吟示汝一弟

君棋较我手差强，闲日相携到草堂。
当局只关完一子，不知窗外已斜阳。

---

① 韩德远（1550—?）：字毅伯，号江岩，朝鲜文臣，曾任京畿道观察使、大司宪、义州府尹等。1600年以冬至使出使明朝，1609年以谢恩使再次出使明朝。

赠别

两翁衰白各垂垂，此日殊非远别时。
临分只道相离苦，不道相逢有后期。

次东岳[①]韵赠僧

八十残年又沉痾，世间何处奏洋峨。
襟期独与山僧契，三去三来为一哦。

（一作"世间谁为奏洋峨。山中独有僧来往，感渠深情试一哦。"）

病革中闻窗外鹊声

寒鹊飞鸣庭树枝，枕边声到我心悲。
微诚拟待朝筵尽，此夕那堪永别离。

（时久废朝筵，欲一入侍，尽陈所怀，然后退去而不得，遽至疾革，故落句及之。）

五言律诗

安陵解官日次卞献[②]卷中韵

老守将投绂，征袍已拂尘。
青山增意气，秋日更精神。
世事同云散，闲情与物春。

---

① 东岳：李安讷的号，详见前文注释。

② 卞献（1570—1636）：字时哉，号三一山人、八溪后人、寓慵，朝鲜文臣、书法家，曾任司正、司果等。

田园从此乐，林下一乌巾。

鸰原山城

列堞因岩起，屯营俯壑开。
旗飘上界迥，角动半空哀。
地势宁无据，天心若未回。
中军裕胜算，横槊且衔杯。

镜城书斋偶吟

积雪明残夜，孤灯耿寸心。
梅花画里见，乡路梦中寻。
世事忧何益？吾身病已深。
有怀陶靖节，千载是知音。

自镜城受由归觐路上口占

长路何时尽？归心已洛城。
临溟看霁月，麻谷听新莺。
更喜端州近，不愁云岭横。
休言王事急，残日已西倾。

韩石峰①橘榴轴

（石峰笔法精妙，壬寅诏使时，以善书，将赴远接使幕下，王世子以橘榴贶行，石峰荣之，乃求东槎诸名士诗为轴，时余为问礼官。）

石峰将西迈，春宫贶远途。

① 石峰：韩濩（1543—1605）的号，字景洪，朝鲜著名书法家，与金正喜并称朝鲜书法“双璧”，擅长各种书体。有《徐敬德神道碑》《善竹桥碑》等存世。

金包凝灏液，丹壳映明珠。
荣动东槎伴，恩先讲幄儒。
高才天下少，无愧见知殊。

在玉堂次李修撰志完[①]韵

寥寥西掖暮，端左整冠襟。
合眼资神定，收心禁物侵。
任教灯火尽，直到漏更深。
此意无人会，空成清夜吟。

玉堂雪夜又次前韵

霁月明新雪，清辉映素襟。
循除忘病怯，披户任寒侵。
只恨诗才少，宁嫌盏底深。
剡溪何处是？聊复发长吟。

巡按御史到镜城

（壬寅夏，拜镜城判官，瓜满而递故云。）

寒凋挟路树，冻合绕城流。
曾忝三年牧，惭无一惠留。
来迎皆喜色，相对各青眸。
触物浑依旧，惟衰我白头。

---

① 李志完（1575—1617）：字养吾、号斗峰，朝鲜文臣、书法家，曾任吏曹正郎、司谏等。因擅于诗文，书法造诣深厚，于1606年迎接明朝朱之蕃。

次李子敏甲山客轩韵二首

启蜀何年事，梯岩更凿山。
初疑无地隙，不信有人间。
控隘开连镇，成藩许叩关。
至今区内静，冠盖续来还。

登山复渡水，渡水复登山。
才出巉岩外，旋从翳郁间。
前秋霜薄草，将夏雪迷关。
正是边虞重，宁论苦往还。

正阳寺①

缥缈神仙府，依俙白玉京。
僧眠碧桂树，鹤听莲花经。
静坐身疑化，忘言意自清。
金刚真面目，方向此分明。

赠僧泰熙

移筇临玉流，西望舟潭幽。
风动紫檀叶，凉生山影楼。
此间有释子，可与销吾愁。
不是前缘在，相逢为少留。

---

① 正阳寺：位于江原道襄阳郡的寺庙，始建于新罗时期。

怀黄思叔[①]

（慎，己酉春，以御史在北道，闻思叔赴京还作。）

干事还东日，沉疴滞北时。
中年常芒别，此夕倍相思。
锦水从游失，江都卜筑违。
平生团会愿，垂老定参差。

寄黄思叔

（在驹城村舍。）

今日亦无事，午眠何觉迟？
园花自满树，门柳更垂枝。
行世时才少，归田懒性宜。
平生藏拙意，唯有故人知。

吉州馆次壁上韵

七载六来往，我行何太频？
将迎勤馆吏，问慰走村民。
历历山颜旧，萧萧鬓发新。
可怜垂老日，空没马头尘。

洛山寺[②]

好是洛山寺，梨花三月余。
蓬莱知不远，灵隐问何如。

---

① 黄思叔：黄慎（1560—1617），子思叔，号秋浦，谥号文敏，朝鲜文臣，曾任工曹判书、户曹判书等。1602 年以谢恩使出使明朝，1609 年以陈奏副使出使明朝。

② 洛山寺：位于江原道襄阳郡的寺庙，“关东八景”之一。

鸥鹭参禅席，鱼龙护佛居。
客来登眺豁，云尽海天虚。

丁酉春，以平康县监赴鸰原，秣马苍峰溪上，见黄梅临水始花，为赋五言一律，题石而去。本道方伯时又到，忽念前事，深有感怀，仍录前诗，更步其韵

二月苍峰路，溪花照水明。
征人无暇日，时物有闲情。
世事忧何益？吾身病已婴。
唯当寻旧业，耕钓送余生。

又叠

（江原方伯时。）

重过苍峰路，溪山眼更明。
看花昔日句，溅泪此时情。
世降忧何已，吾衰病转婴。
沉吟不觉晚，前岫暮云生。

过寒溪山下

闻说寒溪胜，平生梦想饶。
雪飞千壑暝，河落九天遥。
王事身犹系，仙区思独超。
今朝山下路，空复望岧峣。

次成仲深文浚[①]见寄韵

昔别太无端，今逢亦不期。
暮禽投树后，宵雨洒灯时。
讲理求融会，论心勉执持。
方知自远乐，非独慰瞻思。

广津亭舍[②]偶吟

手把渊明集，呼儿扫树阴。
江流青不尽，云出白无心。
坐觉林居乐，仍知静味深。
若何名利路，尘土漫填襟。

窗外燕巢成雏飞去

土牖齐黄口，移时渐衣玄。
欲言殊未了，求哺各争先。
习习离檐角，飞飞过树颠。
旧巢还寂寞，重见待明年。

挽申同知拨[③]

勋业高灵[④]后，文章二乐孙。
德为闾里式，齿又国人尊。
子婿名声重，家庭孝友敦。

---

① 成文浚（1559—1626）：字仲深，号永同、沧浪，朝鲜文臣，曾任司圃署司圃、永同县监等。有《太极辨》《沧浪集》等著述存世。

② 广津亭舍：指汉江边上的渡口，现为首尔广津区的“广渡口”。

③ 申拨：生平未详，据诗意，其为朝鲜文臣，祖上有两位能文之士的号中有“乐”字。

④ 高灵：指高灵府院君申叔舟（1417—1475）。

怡然乘化日，槐荫满高门。

挽金沙溪长生

恸哭沙溪讣，天何不憖遗。
平生诗礼学，垂死战兢持。
此道将谁托？吾侪竟失依。
今朝无限泪，岂但故人私？

挽延陵府院君李公好闵①

麟阁勋名重，骚坛望实隆。
平生勤向慕，世故少遭逢。
华箦违亲问，丹旐负哭从。
吾归亦不远，拟谢九原中。

挽李同知惟侃**夫人**

平生琴瑟友，头白见齐眉。
实德闺门整，余才酒食宜。
恩荣两子贵，寿福七旬稀。
历历论今世，夫人更有谁？

挽李阳川敏善②

莲榜③联名姓，芹宫许追随。
中年虽久别，一念每相思。

---

① 李好闵（1553—1634）：字孝彦，号五峰、南郭、睡窝，谥号文僖，朝鲜文臣，担任副提学期间，主要负责起草与明朝的外交文书。1599年以谢恩使出使明朝，著有《五峰集》。

② 李敏善：生卒年未详，字北峰。

③ 莲榜：朝鲜生员试或进士试合格的人名单。

典县濡恩泽，居家笃孝慈。
含哀千里外，沾涕数行诗。

挽鸡林府院君李公守一[①]

自古难仁将，今公始见之。
深恩留北塞，遗爱在舟师。
疆圉长城毁，朝廷耆德稀。
相知均有泪，偏湿旧僚衣。

挽锦洲君朴公烅[②]

今世论佳士，如公第一流。
英明元禀受，直谅是箕裘。
廊庙常期远，经帷竟莫留。
堂中最不忍，双老白垂头。

过唤仙亭

（戊戌年间，以平康县监过此亭，偶吟。）

远踏明沙路，来登镜浦[③]舟。
停波成小海，分渚起高楼。
烟树迷斜日，笙歌落暮洲。
湖山真绝胜，民俗亦风流。

---

① 李守一（1554—1632）：字季纯，号隐庵，谥号忠武，朝鲜武臣，官至刑曹判书。因平息叛乱有功，1624年被封为“鸡林府院君”。

② 朴烅（1596—1632）：字大观，号霞石，谥号忠肃，朝鲜文臣，曾任大司宪、吏曹参判等。

③ 镜浦：指位于江陵的镜浦湖。湖中有镜浦台，被称为“关东八景”之一。

新宁竹阁次副使韵

（奉使日本时。）

古人名竹阁，今日见非虚。
嫩叶翠交后，新竿玉秀初。
能清一夜意，较胜十年书。
可瘦宁无此，移家便欲居。

庆州途中次副使韵

罗代千年事，人民城郭非。
遗风已杳漠，陈迹亦熹微。
断麓鸡何在？荒林燕自飞。
空余庾信墓，衰草带残晖。

自鳄浦发船行七十里，风逆宿盐浦，船中偶吟，时七月初八日也

落帆依曲浦，下碇瞰深清。
水宿难成梦，船行不计程。
秋从昨夜至，月似故乡明。
万里悬丹悃，三更望北星。

流芳院南有泉流盘石之胜，日与副使、从事散坐溪石偶吟

步出碧梧下，相随苍竹西。
临溪语错落，分石坐高低。
为爱树阴密，忽惊风气凄。
王程犹杳杳，不敢计幽栖。

大德寺[①]馆中次副使韵

来时瘴雾湿，去日风涛寒。
只愿王灵振，宁论行路难。
钟鸣宵欲半，叶落岁将阑。
独对床前烛，照照证寸丹。

次副使韵

（朝天时。）

去岁东溟棹，今朝西海舟。
行装风外叶，身世水中鸥。
贤哲吾何敢？诗书学未优。
唯专拱北悃，归及未深秋。

次副使韵

（是时，苦雨得乍晴。）

渐近登州府，难便一席风。
寸心悬阙下，孤棹滞洋中。
苦见云归北，欣迎日出东。
安安随所遇，何必恨途穷？

过黄城岛前洋

（旁有镜岛，有石如镜故名。）

黄城帆外小，镜石眼中摇。
却喜登州近，还愁故国遥。
人情随地感，胜赏取次饶。

---

① 大德寺：位于日本京都市北区的寺院，始创于镰仓年间（1185—1333），是洛北最大的寺院。

欲问蓬莱路，仙风袂自飘。

晚过渡流村

蝉声碧树晚，帘外酒旗风。
舸舰迷长渚，楼台倚半空。
他年魂梦里，今日画图中。
欲问当垆女，真珠几滴红。

天津船上，七夕前一日

水陆朝天路，晨昏向阙情。
家乡凭梦寐，生死倚神明。
客久惊时换，秋新觉夜清。
舟便风不与，乘月且牵行。

述怀，和副使诗

人言海路险，自慰圣君知。
衰疾宁非甚，艰危不可辞。
风涛万死日，暑雨九颠时。
筋力几消尽，天心倘护持。

东坡海市碑

手拂苔纹石，沉吟海市诗。
银钩没复见，琼韵得还疑。
异事今何在？仙踪杳莫追。
空余数点岛，荡漾碧琉璃。

（东坡莅登州，适十月也，欲赏海市，父老言春夏或见之，十月水寒，气闭难见。东坡祷海神祠，翌日现。蓬莱阁下，有石碑刻海市诗，东坡亲笔也，苔纹剥落，几不可见，仍成五言一律，忘失不记，昨于药裹纸得之。癸亥二月，在西郊。）

过平原郡颜鲁公庙

停骖瞻庙宇，读史感精忠。
斩使明臣节，婴城捍贼锋。
谁知倡义力，终办重兴功。
为勉今河北，千秋倘见公。

挽任茂叔叔英①

落落神仙表，骚坛第一雄。
孤忠争日月，直气射烟虹。
寂寞朝阳凤，凄凉御史骢。
倾河无限泪，回首广陵东。

五言排律

挽人

昔我为儿戏，嗟君少一年。
呼朋泮桥下，联袂杏坛边。
中岁虽相别，深情自不迁。
白头时邂逅，青眼却欣然。

---

① 任叔英（1576—1623）：字茂叔，号疏庵，朝鲜文臣、书法家，曾任春秋馆记注官等。其文章出众，精通程朱理学，书法造诣深厚，有《疏庵集》存世。

不意闻君逝，如何在我先？
西城遗范爱，南郡失龚贤。
闻说丹旌过，迤归绀岳前。
无由扶榇哭，挥涕送哀篇。

领相李公元翼①赐几杖宴次柳西垧根②韵

初服兴周日，深衣起洛年。
尚贤班序首，尊齿礼无前。
几杖纡恩典，官曹敞法筵③。
轩车填委巷，环佩集群仙。
玉札从天降，黄封自内宣。
进羞分水陆，选乐奰歌弦。
剧饮樽频倒，余欢坐屡迁。
鲰生叨席后，燕贺在人先。
既祝寿崇岳，更期心永肩。
同朝均有喜，元老好扶颠。

挽词④

（领议政吴允谦。）

故旧凋零甚，邦家殄瘁仍。
低徊淹暮岁，奄忽哭良朋。

---

① 李元翼（1547—1634）：字公励，号梧里，谥号文忠，朝鲜文臣，曾任刑曹参判、吏曹判书等，官至正一品左议政、领议政。有《梧里集》等著述存世，去世后配享庙庭，祭享于忠贤书院。

② 柳根（1549—1627）：字晦夫，号西垧，谥号文靖，朝鲜文臣，曾任京畿道观察使、左赞成等。壬辰倭乱期间，其参与与明朝有关事宜，1601 年以冬至使出使明朝。

③ 法筵：讲授佛法的集会，这里指朝廷举办的宴会。

④ 辑自朝鲜文臣张晚（1566—1629）的文集《洛西集》卷之五附录。

文武资全干，岩廊待并登。
安边曾上策，灭贼际中兴。
末疾方需养，前筹庶有凭。
丹青虚俊表，部曲失风棱。
自系龙蛇厄，焉知箕尾乘。
揄扬在史笔，此诔写悲膺。

七言律诗

磨云岭①

岭头惆怅问群山，能记行人昔往还。
半世奔忙吾白发，百年安重尔苍颜。
国恩逾分酬无计，亲老经稀保亦难。
人固有情那似物，北风吹泪湿征鞍。

次石阳正②见赠韵

南望飞鸿不可追，我怀凄苦复谁知？
亲颜梦里非前日，天语心中有记时。
半世已违江海计，三年空咏去来辞。
凭君莫说循良事，残照西山更觉悲。

① 磨云岭：位于咸镜南道利原郡的山。

② 石阳正：李霆（1541—?），字仲燮，号滩隐，朝鲜国王世宗的玄孙，被封为“石阳正”，后晋升为“石阳君”。擅长水墨画，有《墨竹图》《风竹图》等画作存世。

赠石阳正

（石阳正，以画竹名于世。）

外事纷纷皆扫除，官居冷落真村居。
屏间闲对石阳画，床上静看朱子书。
督邮来时能束带，秋风吹日不思鱼。
倘非恋恋君亲念，何必吾庐着处庐。

次兵使李公用淳[①]韵

城上屯云顽不开，戍楼吹角夜深哀。
白山飞雪侵窗冷，青海惊涛撼梦回。
一落塞垣成丑汉，却推经幄付贤才。
幸蒙元帅容衰病，礼数从便德量恢。

次巡相徐公渻[②]制胜堂韵二首

梨花零落画楼头，暇日辕门集胜游。
使相高才余翰墨，将军威令济宽柔。
杯间隐映藏胸甲，席上纵横制阃筹。
幕府老儒无一事，只将荒句谩相酬。

岭外三年白满头，忽惊槐下梦中游。
一蹉便作噬脐悔，百折难成绕指柔。
为吏敢言除弊瘼，忝僚宁复运良筹。
如蒙早许归田去，知己深恩抵死酬。

---

① 李用淳（？—？）：朝鲜文臣，曾任罗州牧使、庆尚监司等。

② 徐渻（1558—1631）：字玄记，号药峰，谥号忠肃，朝鲜文臣，曾任庆尚右道监司、户曹判书、兵曹判书等。著有《药峰集》等，去世后被追赠为领议政，祭享于龟岩书院。

寄钟城府使郑时晦晔

二千里外三年客，四十人间一病身。
学蔑可能新旧俗，仓空无计赈今春。
思亲血泪闻南雁，恋阙丹心望北辰。
归梦不知关塞远，夜来时绕汉江滨。

次金叔度万甲亭韵

万夫年甲以名亭，命义何如万甲兵。
经始本非供宴赏，关防要是卫民生。
长河大野连天阔，粉壁朱栏耀日明。
登眺忽惊时节晚，白云芳草远含情。

次金叔度侍中台韵

海棠花发白鸥边，客里春风又一年。
惆怅节旄曾驻地，寂寥松树夕阳天。
古人陈迹今如许，末路行装更渺然。
何必远寻蓬岛学？挂冠归去是真仙。

又步前韵

去岁西边今北边，未知何处又明年。
此生于世元如客，吾道之穷岂恨天？
身许驱驰嗟老矣，梦寻归路却飘然。
自怜头白终无似，不是凡流不是仙。

文川次金景择尚容韵

地连关塞苦凄寒，四月方看春色阑。
红遍树林村意好，绿平原野客心宽。

晚茶山药偏轻口，午饭园蔬更满盘。
吏退小轩成一睡，征途聊得暂时安。

挽宋监司英耇

君才敏捷我迟钝，君性狷刚我懒柔。
早识马牛终不及，还如玉石可相求。
少时常共读书乐，晚节仍同去国忧。
说到平生无愧恨，笑从泉路永追游。

次月沙韵

易中深见消长理，末路行装无可疑。
已办荣枯同梦幻，却将心事付天知。
人间落落灵川别，泉下悠悠秋浦期。
独有沙翁今又远，国忧虽重奈吾私。

次崔兴叔起南用李子敏韵赠月沙

（月沙示余求和，而虑诗句烦于挂人之目，遂不书送，此戊午三月待命时。）

谁谓明时有此行，无由天日照中情。
吾君直愿如虞帝，万死何期得一生。
岁暮穷庐空四壁，夜深寒榻但孤檠。
微忱只为终南恋，抚枕长吁睡不成。

送李伯胤弘胄①赴京

忆君按节湖南日，政我乘槎海上时。

① 李弘胄（1562—1638）：字伯胤，号梨川，朝鲜文臣，曾任掌乐院提调、领中枢府事等。

今我速装迷道路，闻君御命向京师。
年年绝国长为别，忽忽余生转觉悲。
楚水枫林何处是？帝城明月定相思。

挽柳监司穡[1]

嗟君按节南辕日，访我荒村寂寞中。
三度信书何恋恋？两乡情念正憧憧。
常期久享人间福，谁料终传客里凶。
哭尽一生同闲友，只余朝夕此衰翁。

土塘村舍感兴

天地包荒性命全，四年眠食旧林泉。
羲经课读期三绝，邹传商论尽七篇。
真见或成开卷外，本心多得未朝前。
及人事业嗟无日，唯勉存存到自然。

次月沙韵

何必吾庐着处庐，男儿随地有安居。
庭前闲玩草荣落，天外静观云卷舒。
生计更寻颜氏巷，襟期还杔遁翁书。
闻君新筑鸣岩胜，移卜东邻肯许予。

附原韵，月沙

六十年才有此庐，那将残日诧新居。

---

① 柳穡（1561—1621）：字子有，号沙湖，朝鲜文臣，曾任户曹佐郎、户曹参议、全罗道观察使等。

供时无力归非晚，容膝粗安意已舒。
颇恼里闾烦酒榼，喜无即吏抱文书。
今来始报滩翁[1]道，苍野佳篇实起予。

驹城[2]来路，秣马川边偶吟

下马川边坐白沙，冰消涧谷水增波。
烧痕缭绕临崖断，阳气氤氲向岸多。
试把柳条开嫩眼，更寻菰叶动新芽。
清明渐近松楸隔，未到驹城却忆家。

次舍弟都正和前韵

尚稽枯骨委长沙，五载田庐沐恩波。
篱落接连兄弟乐，冠童先后子孙多。
日从园里移花树，时向畦边觅菜芽。
身世本非嘉遁士，闲情还似野人家。

挽申敬叔[3]夫人李氏

夫人今世女中贤，保族宜家美足传。
席盛享荣心则小，处穷安命德尤全。
理无常屈应余庆，天实难谌竟啬年。
老子忝从玄范久，不堪情溢写哀篇。

---

① 滩翁：对吴允谦的尊称。

② 驹城：位于京畿道龙仁市。

③ 申敬叔：指申钦，详见前文注释。

次月沙韵二首

（还自京师，未得复命，在西郊。）

西郊寓舍月重圆，门掩春寒思悄然。
病后大方唯节食，客中佳趣是安眠。
想怜稚子迟归日，闻说梅枝减去年。
使竣当寻本分事，愿君求我汉沙边。

玉京迢递成陈迹，鲸海风涛梦亦惊。
心决去时忘有累，事难言处欲无生。
政堂踽踽趋西壁，备局栖栖列正卿。
争似林间独俛仰，暮年赢得野翁名。

（月沙答书，北游得江山助，静居收闲养功，乃如是耶？下篇颔联，尤令人起感，吾侪今日行休两难，台能写出此情境矣。）

次日本僧宗方韵

（日本奉使时。）

东林昨夕送诗来，为爱山人有好怀。
梦寐何曾一面识，晤言还觉夙心谐。
君加礼意知相荷，我断乡愁不用排。
愿得暂寻松桂路①，药炉经卷共禅台。

次副使韵

马岛谁云阻海波，片帆容易到东涯。
各循风习行虽远，共受天心类处多。
男子腰间皆尺水，妇人衣上尽斑花。

① 松桂路：通往寺院的清净之路。

愿言圣化覃无外，终使蛮区变颂歌。

留倭京大德寺，重阳日赠从事李公景稷

故乡秋色逐人来，可惜重阳异域回。
竹叶何从樽里满，菊花空对画中开。
园风萧瑟侵江树，庭日荒凉渐碧苔。
孤馆闭门心转苦，共君宁欲上高台。

次书状韵

（有钟鼎颂德之句，故末句及之，朝天时。）

三年拱北恼宸衷，今日扁舟此路通。
何意明庭专对责，竟归荒野服田翁。
襟怀莫着毫相累，鄙吝终教雪自融。
各勉一心期效死，肯将功业较卑隆。

登蓬莱仙阁

蓬莱仙阁昔闻名，今日登临眼忽明。
大浸亘中夷夏阔，长风搴远斗箕平。
浮槎万里身如粟，排浪千层气掣鲸。
坐到月高银汉净，空中倘有玉箫声。

次李学官万岁桥

（桥在青州城门外，桥上有阁。）

飞桥闻说跨云端，恨不同登俯碧湍。
爽气常通凌汉阁，清风长引架虚栏。
想穷宇宙襟怀远，眺极川原眼界宽。
归路倘由君去路，胜游奇赏与君班。

（吾适由城北他路，恨不得见，故末句云云。）

青州道中次伴送许指挥韵

处处垂杨挟路青，好风长引翠轩行。
闾阎扑地鸡鸣闻，黍稷连云野望平。
尚父旧封唯有土，晏婴遗邑但流名。
从来齐鲁多贤士，吾欲停骖一问经。
（有晏城，晏子食邑云。）

题历山书院东趵突泉

（泉自地中直涌突出故名，泉二穴，泉之东，立吕洞宾祠。）
水槛亭前趵突泉，灵源分派远从天。
初闻淅沥明珠涌，俄见澄泓一镜圆。
浩气常凝琪树里，清光□漾玉栏边。
衰年已谢仙区分，此路还缠未了缘。

挽郑大司宪晔

我齿争君加四岁，君颜丹渥我全衰。
常期我敛君来抚，岂意君旌我哭随。
独立朝端如失左，共趋筵席更须谁。
人亡自古关邦国，此日伤情不但私。

挽郑内翰杺[①]

愚伏贤才我所钦，自同莲榜便倾心。

① 郑杺（1596—1625）：字文中，朝鲜文臣，郑经世的长子，曾任艺文馆检阅等。在史院任职时，因染痘疾而英年早逝。

视儿许以通家义，爱子温如绝代琛。
黄鹄九霄方跱远，芳兰一夕忽埋深。
老夫痛惜情何已，为写哀辞泪满襟。

赠程副总龙

将星前夜耀云霄，鹢首俄闻渡铁硝。
绝岛众情还帖妥，小邦诚悃自宣昭。
南城过腊归期近，萧寺逢春客梦遥。
行橐只看书数卷，且留梅朵共清标。

毓庆园①挽章

善积名门受景禧，肇开东土太平基。
周文新命因胎教，孟圣幼时学母慈。
共祝至尊千寿养，忍闻深墨九重悲。
诚通孝感终无赖，天道茫茫未可知。

仁穆王后②挽章三首

恭惟昭圣我王妃，德配乾元整母仪。
苍野悲号天感动，西宫奇祸神扶持。
方欢殿上三朝庆，遽厌人间万岁期。
龟卜夺情知有日，泪垂哀挽不成辞。

永宁宫里祸曾媒，天道循环泰又来。

---

① 毓庆园：朝鲜国王仁祖的生母仁献王后之墓。

② 仁穆王后（1584—1632）：1602 年，其被拣择为朝鲜国王宣祖之继妃。1608 年，被光海君尊为王大妃。病逝后，封谥号仁穆，葬于穆陵。

达孝幸看长乐殿，深冤尚结望思台。
不堪今夜螭旌发，何忍明年燕社回。
犬马老臣犹不死，攀云无及涕沾腮。

幽冤当日彻高穹，西内星霜一纪穷。
壶法曾留彤管史，灵帷今撤紫宸宫。
神途百步园陵近，享事千秋殿阁同。
仍忆往时承代奠，孤臣泪尽二年中。
（穆陵迁葬时承命代奠故云云。）

次月沙韵

（以登极使回来，而迎敕屡退，经年不得复命。）
汉水烟波一棹轻，春风何日是归程？
天心复剥颇真见，世味甘辛亦饱更。
蔬食自宜糊贱口，蓬庐聊足庇残生。
此怀良苦无人语，相对终宵只短檠。

附原韵，月沙

历尽风涛性命轻，春明咫尺阻严程。
百年苦节天应相，万里归心岁又更。
道是政堂新少宰，萧然旅榻一书生。
遥知积雪荒村里，白发孤吟对短檠。

挽词①

（吏曹判书吴允谦。）

倾盖敷腴四十秋，每将心曲尽绸缪。
江干一疾违青眼，宿岁深交到白头。
光闭德星归太素，宠回卿月感冥幽。
家声燀爀知能继，人道徐公百不忧。

挽词②

（吴允谦楸滩。）

休论妙略解兵机，经济奇才世固稀。
边上久挥丞相扇，堂中今失老莱衣。
松楸寂历迎丹旐，风雨凄凉卷素帏。
春草欲迷南国路，王孙此去几时归？

五言古诗

挽月沙

秋浦先归后，相依赖有公。
今公又弃我，人间唯秃翁。
一时均为恸，谁似我心恫？
九原朝暮事，团圆期此中。

① 辑自朝鲜文臣李尚毅（1560—1624）的文集《少陵先生文集》卷之四附录。

② 辑自朝鲜文臣李时发（1569—1626）的文集《碧梧先生遗稿》卷之八附录。

赠僧敬旭

今朝秋日晴，倚杖田亩间。
飘然有僧来，云自德崇山。
为言尘世苦，且说山中闲。
我亦多好怀，欲尽言实难。
长吟掩荆扉，永矢终此欢。

月下偶吟

（以陵颓事被谤，出避东湖时。）

吾年七十七，俯仰愧平生。
但欲全吾性，安得全吾名？
险道固难尽，西江何日平？
青天唯有月，相与寸丹明。

《楸滩集》卷二

疏

平康县陈弊疏

伏以平康为县，地势高竣，土品瘠薄，易旱易湿，早霜多风，虽在平时，固非乐土。兵乱之后，疠疫饥荒死亡流移，余民不啻孑遗。臣赴任之日，入其境行五十里，不见人烟，荆榛蒿荻，极目萧然。臣即令四面里长，悉籍民户牛畜以来，民户才百余，牛畜则绝无而仅有，县民皆曰："吾县经乱之后，不如是甚，有三不堪，遂至此也。一曰开城府出站①也；二曰其人②也；三曰炮手③也。"噫！兹三者，实列邑所同然，而独臣县为不堪者，诚有所以也。

臣试陈其闻见于县民者，臣县四面皆被焚爇，而独北面村落，介

---

① 出站：周边百姓为迎接使臣或监司等而提供物资和马匹的事情。

② 其人：新罗至朝鲜中期实行的牵制地方势力的制度，即将地方势力的子弟作为人质送往中央的制度。

③ 炮手：壬辰倭乱后，地方为训练炮术而储存的兵力。

在山谷，犹有存者。当初残盛等第之时，以一面未尽之故，不在尤甚之中，遂令出站于开城府。本县又以北面犹完，尽驱北面牛马，载输支供之物，支供之费有不暇论，而所载牛马百不一还，故境内牛马荡尽无余。四面之役，偏责一面，今则北面之空，甚于他面，此其力弱负重，势所难支，而论者不究实状，不复低昂，因循至今，等比完邑，今若更不分别，因前出站，则臣虽欲刻意征督，图免罪罚，而空屋荒畴，决无责办之地矣。臣县其人之役，比他县极重。本县其人，元数八朔，又有淮阳、江陵两府移定者亦三朔，通计则十一朔也。在昔升平，田结①千余，民户千余，故物力完全。虽或支过，而然以小县之役论之，则犹为苦重，况今残败如许者乎？臣县今年应役田结，仅一百九结，臣历访邻邑，虽金城②、狼川③之残，今年起耕之数，不如是小小也。然则两府之于臣县，其残盛大小，不啻不侔，而本县元役之外，又受他官之役，此县之民，亦独奚罪？该司主人，征捧太滥，前年则一朔之价，纳米几二百斗，以百结之民，每朔办得二百斗之米，一年通计则所出之米凡几何也？况种种之役责出民间者，又不可胜记，民何以得保余生乎？

臣愿本县元数，虽不可减，他官移定，各还其官，则垂死之民，庶无独贤之怨矣。臣县炮手，比他县过多。臣按当初事目，从其自募，抄择精壮，小县则不过五十名，诚以过多则弊生故也。臣县则悉起境内男子，尽属炮手，数凡一百七十人，臣遍阅各道炮手之数，虽大府巨镇，不是过也。臣县地界空广荒莽，远则数百余里，近不下五六十里，西北则穷山绝壑，豺虎之穴，禽兽之乡也，炮手往还者，信宿乃至，而逐月三巡，长聚官门，自备粮料，废时失事，因致怨咨溢境，

① 田结：计算租税的耕地的面积单位。

② 金城：江原道金化郡的旧城。

③ 狼川：今江原道华川郡。

逃散相继。且所谓炮手者，非欲取名数之多也，必欲致技艺之熟，而火药常乏，诸具未备，徒烦聚会之劳，而未有练习之实。故设立之久几至三年，而其施为节次，生疏龃龉，不成貌样。臣常谓练习炮手，为今日急务，其欲致力者非不至也。欲蠲减杂役以偿其劳，则炮手之外，更无余民；欲官补粮资以慰其心，则官储荡尽，升斗莫措；欲常常放习期致成才，则许多炮手，火药难继；欲徒拥虚名牵补过时，则动涉欺瞒，不忍身犯。臣以庸才拙手，罔知所以措处也。

臣愿臣县炮手，只抄精壮可用者，其余有名无实之类，悉皆除去。一依事目施行，则不但民心慰悦，其于练习之要，亦非失计，况民生成聚，财力稍完之后，则尚可以渐次增数者乎。大概今日之民，生理残败，赋役烦苦，郡邑同然。然其荡竭流散，甚至于无可奈何，则未有如臣县者。今则年运稍登，各谷成实，虽前日经变之地，莫不还集，故土各成计活。而独臣县之民，鹑衣菜色，东走西奔，去者更无还心，存者偏受其苦，荷担侧足，有同兵火之日。此无他，已上数弊，为其锢疾，比犹二竖在身，不去则死，必无幸矣。

呜呼！君门深邃，蔀屋荒远，如此惨苦之状，殿下何得以尽知乎？虽因经席之上，章牍之间，或不无陈达之事，而一郡县民瘼，实非恫瘝亲切。故当其新闻之曰，虽有隐怜之情，而小间阑熟，则依旧恬然，此所以泽不下究而民不蒙惠也。伏望殿下以臣所陈者。下谕监司，如其实状，亟为救焚拯溺之举，使峡中嗷嗷之民，得免焦尽之患焉。殿下苟能实心惊惕，不以为一县之弊而忽之，今日袪一县之弊，明日袪一县之弊，如芒刺入肌，随现即去，不敢顷刻自安，则不但臣县之民庶有回苏之望，殿下仁民之泽，亦将日遍月普矣。臣到任以来，夙夜忧闷，思欲百方周旋以宣一分之惠，而计穷力屈，心事乖违，臣虽不仁，诚不忍立而视其死也。臣曾将此意陈报监司，而启下之事，监司亦难擅为，故不得不披沥微悃，仰干严威。臣不胜殒越屏营之至，谨昧死以闻。

东莱府使时乞归省疏

（庚戌年六月。）

伏以臣父今年七十有二，七十之后，凡人血气奄奄垂尽，月异而时不同者，此理之常也。臣父七十，居母丧，庐于墓侧，蔬食三年，仍致气力委顿，形貌毁脱。属者累得家信，皆言老人疾病相仍，饮食消减，若将不保朝夕者。臣职守边土，法不当奔省，惊惶忧惧，罔知所处。

噫！臣虽无状，粗识君亲恩义之分，既出身公朝，则恩情虽切，义不暇顾者，事君之常道也。抑臣情事，有甚切迫焉，亦甚哀痛焉。臣自辛丑年春从事体察[①]之后，十年之间，长在关塞，不得数月相安于老父之侧。甲辰年冬，臣在镜城，其时母病弥留，差剧无常，使臣为纯孝之人，则当弃官奔归，甘受邦宪。而臣之愚昧，每为公义所止，且念北塞戎幕之官，人所厌避，嫌疑闷默，不能便决。瓜满之后，中途奔丧，病不得相救，殁不得面诀，穷天之痛，永缠心骨。母死之后，臣父鳏居孤苦，膝下无子女看当家事者。虽臣身远在千里，而实相倚为命，饥寒疾痒，念兹在兹。今闻京城艰食，臣家又其甚者，流迫荒村，菽水不继。臣每于消息之来，怛然疚怀，终夜不寐，对食流泪，伤虎之人，神色独变。臣于今日，与他人异情也。

伏乞圣慈仁覆闷下，曲察为子之情，俾遂归省之愿。臣不胜煎闷切迫之至，谨昧死以闻。

（七月初七日下吏曹，吏曹回启曰："疏辞悲苦，情理切迫，而事系边地，令备边司[②]议处如何?"初十日，光海判下曰："情理切迫，递差。"）

---

① 体察：即体察使，当地方有兵变之时，代替国王去地方视察军务的官员。

② 备边司：朝鲜总领中央和地方军务的官厅。

辞同副承旨疏

（辛亥。）

伏以臣。故臣成浑门人也，臣师学术之正，践履之笃，必有百世之公言。一时被诬之由，冤痛之状，昭在国人之耳目，如臣眇末门徒，不敢容一喙矣。第臣分义有不安于心者，不得不仰陈于圣明之下。

曩在辛丑，臣师被诬之日，臣忝冒玉堂[①]，陈疏自列，屏伏田野，日俟严谴，而圣恩宽宥，仍有镜城之命。是时，臣师新陷罪案，情事莫白，臣方至痛在心，无意仕宦，而塞外戎幕之官，义有不可辞者，臣即闷默趋任。厥后累叨职命，俯仰随行。虽不敢以师生之故，终废国家之事，而寻常愧忸，若无所容。

不意今者，滥叨清班，银台[②]近密[③]，与庶官事体有异，决非如臣罪籍门人所宜冒居。臣窃念师友取舍，趋向所系国家官人之际，所宜明辨而审择也。臣则迷惑，不但不以臣师为有罪，其爱慕尊敬之诚，冤痛切迫之心，至今如一日，臣之趋向，大可见矣。虽荷圣度包荒，臣何敢冒昧于匪据乎？

伏乞圣慈察臣情理，镌臣新授恩除，以重士趋，以安愚分。臣无任惶恐之至，谨昧死以闻。

受由在江外时，辞同知经筵世子宾客尚方提调疏

（以加土事，受由在广州地先茔下，因病久未还朝。丙寅九月。）

伏以臣伏蒙恩由，归省先垅，加土改莎，至赐浇奠[④]，惠及泉壤。以臣庸贱，只自感铭心骨，不知所以仰达情悃也。臣本病残之人，经旬草土，晨夕山原，触冒风露，得疾甚重。头痛痰喘，寒热往来，衰

① 玉堂：指弘文馆，是管理朝鲜宫中经书史籍、处理文书及回应国王咨询的官厅。

② 银台：指承政院，是传达朝鲜国王命令与上奏大臣报告的官厅。

③ 近密：朝鲜国王和王妃居住的地方。

④ 浇奠：洒酒祭奠。

年一败，宿患乘时。左边偏寒，腰胁疼痛，手足麻痹，有类风病之状，根深积痼，差复无期。

臣窃伏念，臣职所兼，皆是重地，当此开筵之日，决不可久旷，尚方[①]出纳，亦甚要紧，尤不可退伏乡村。臣诚惶闷，不敢自安，伏望圣明审察公私事情。臣兼带同知经筵世子宾客尚衣院提调，并乞为先递改。臣愿蒙天地父母之慈，庶得安心委伏，专意调治，以延须臾之息。臣无任瞻恋祈恳之至，谨昧死以闻。

（答曰："省疏具悉，卿其勿辞，调理上来事下谕。"）

再疏

伏以臣于八月二十四日，祗受"卿宜勿辞调理上来事"有旨，臣不胜惶感陨越之至。臣之所患，一向弥留，头痛痰喘，精神昏眩，此臣近年常患，不敢种种烦冒。而今则一身分半，气血否隔，一边流汗，一边寒粟，腰胁疼痛，手足麻痹，明是中风之渐。臣虽至微，各言躯命，畏慎寒缩，不敢登路，阅月经时，差复无期。臣兼带同知经筵世子宾客尚衣院提调，皆不可久旷之地，伏乞并命为先改差。

恭惟圣慈仁覆闷下，无物不遂，使臣庶得安心委伏，专意针药，未到十分之地，以救万一之幸。臣之病势，若是一时感伤，可以力疾，则臣安敢猥带近密之职，久滞荒寒之野哉？臣以贱陋之疾，又此烦渎。臣尤不胜惶恐战栗之至，谨昧死以闻。

（答曰："省卿疏章，予心缺然。卿体予意，须勿固辞，调理上来事下谕。"）

三疏

伏以无状小臣，久冒经筵重地，初乏丝毫裨补圣德，终以贱陋之

---

① 尚方：即尚衣院，是提供朝鲜王室服饰和管理王室财务的官厅。

疾，累烦天听，自知死罪，跼蹐俟命。乃于本月初七日，祇受有旨，温谕丁宁，使之调理上来。臣虽无状，粗知臣子分义，其亦何心自安于病席乎？第臣所患，非如一时感伤之比，气血否隔，半身偏伤，弥留之久，几至四十余日。一症才救，一症随发，以臣病症，较臣气力，其势决不能与之为敌，久于相持，况望完复于时月之间乎？

臣欲感激明旨，扶曳登路，则风病之人，汗流不止，暂伤寒气，辄至危剧。若以烦渎为惧，自待完复之期，则当此开筵之日，臣以轮次侍筵之官，退伏乡村，顷刻不宁。此臣之所以不得不更冒一死，仰陈情悃也。伏乞圣慈审察公私事情，臣兼带同知经筵世子宾客尚衣院提调，新授春秋馆同知，并命为先递改。

臣窃伏念，臣年七十只少一岁，虽有才德可以堪任之人，已是致仕之日矣。况臣昏庸本不近似，而危疾缠身，死日将迫，其不可一日仍冒，事理明甚。如蒙天地父母之恩，释重安分，专事针药，万一迓续缕命，得还朝列则时以特进，随例入侍，瞻望清光，更听玉音，此诚区区犬马之至愿也。臣无任祈恳惶恐之至，谨昧死以闻。

（答曰："只递经筵官。"）

辞左议政疏

（戊辰。）

伏以臣之病状，屡陈于前后告札，渎扰之罪，固已难逃。而伏承圣批，每以安心调理为教，窃恐圣明有所未尽于臣病实情，或虑调理之久则犹可差痊也。是臣诚悃浅薄，不能孚感天心，惶惧惭腼，不知所达。然虚带职名，默默退伏，苟度时月，亦所不敢。兹更历陈病所从来，以冀怜察。

臣本气血虚弱，皮骨尪羸，常多疾病，不比平人。犬马之年，延至今日，诚所不意。往在己未春间，重患湿痰凝块，腹脐浮胀之症，经年危苦，必死幸生，厥后病根常在，每有疾患，辄乘时发动。去年秋冬以来，胀气颇重，出入禁庭，不堪劳惫，至于汗透重衣，以平时言之则决非供仕之人。而适会逆变相仍，未暇身计，竭气殚力，扶曳而行。人或见臣之形，虑臣之败，而孰知臣病之渐就深痼至此哉？又自五月念后，寒热往来，元气大败，而胀势益重，延及腰胁。今则脐腹之间，如有物撑中，食积胸烦，气郁而升，转侧行步，牵引作痛，种种危恶之状，不敢尽渎。

臣今七十，余气几何？假使身无疾病，已是当退之年，况此沉痼之甚，岂有回苏之幸乎？虞危日棘，领相新丧，得相之急，万倍他时，尤不可虚拘病臣，一向旷阙也。伏乞圣明，参审公私事情，臣本职及兼带，亟许并递，以开贤路，以幸国事。臣无任忧煎切迫之至，谨昧死以闻。

（答曰："省卿疏章，具悉至恳。予意已谕，卿勿固辞。调理出仕，以副寡昧之至望。"）

辞领敦宁府事疏

（辛未。）

伏以臣之病状，经秋涉冬，一向沉绵，新承恩命，尚未肃谢。臣心闷郁不安，不能贴身于病席也。仍窃伏念，臣无才德可以裨补丝毫，只以晨夕奔走，为供职事业。

不幸春夏以来，浮胀之气，积伤重发，上自腰胁，遍及下部，种种陋状，不敢尽渎。臣前此常患此症，或时易差，暂见差减，犹可力疾。今则气先澌惫，病乘其弊，似差添伤，欲起还仆，日寒之后，尤不堪苦。

臣身之病，臣亦自知，待尽之外，更无可为。加以眼病之后，瞳精失明，不能视物，已成废疾之人。伏乞圣慈仁覆怜察，许归骸骨，使得毕命于松梓之下。臣虽人事穷尽，有此陈乞，而犬马之情，不胜悲感之至，谨昧死以闻。

（答曰："省卿上疏，予甚惊虑。卿虽有疾，义不可退去，须体予意，安心调理。"）

再疏

伏以臣为病所胜，气夺神昏，差剧无常，一向弥留。前者岛变又作，边虞甚大，而召命之下，不得趁诣。圣诞陈贺，臣子至情所不容已，而亦不得进参。新除恩命，已经三个月，而尚稽肃谢，一息虽存，礼式专废，人事至此，不如无生。

仍窃伏念，臣以近耋之年，抱此深痼之症，揆之常理，必无痊复之望，使臣虽在辇下，备数原任之后，而沉绵废蛰，只耗廪食而已。臣诚惶愧，不能自安，兹敢冒昧万死，更申前恳。伏乞圣慈曲可矜念，特许退伏待尽于丘原之下。臣不胜忧闷战灼之至，谨昧死以闻。

（答曰："省疏具悉至恳，予意已谕，须勿固辞。"）

辞领敦宁府事疏

（加土事受由在山所。壬申。）

伏以臣伏蒙天恩，得伸情事，至赐奠床，荣及泉壤，臣诚感激，不知所达。抑臣有危迫之恳，不得不申冒严威。

臣之病痼垂死之状，举朝所共知，加以近日眼病渐重，专不辨物，虽一息未尽，而已为笃废之人。伏乞圣慈怜察实状，特许仍伏丘垄之下，以毕余命。臣不胜悚栗悲感之至，谨昧死以闻。

（答曰："省卿疏章，予甚惊愧，此非先朝旧臣辞退之时，须体至意，从速入来。"）

再疏

伏以臣祗承本月十七日批下圣旨，温谕丁宁，使之从速入来。臣死日将迫，心怀易感，奉读三复，不觉悲涕也。臣之宿患沉痼笃废之状，前已屡陈，圣明之所洞烛，今不敢每每烦渎。近日暑湿之中，添得寒热之症，渐就苦重，不能起身，委仆丘垄，瞻望终南，不知所以自处也。

仍窃伏念，臣之本职，自是敦宁闲局，别无时急之务。而所带提调，皆是要紧，不可久旷之地，臣诚以此为闷，不能一日安于病席也。伏乞天地父母，垂仁怜察，臣所带司译院①、军器寺②、尚衣院提调③，并命改差，使公事私分得以两便。臣不胜祈恳之至，谨昧死以闻。

（答曰："省疏具悉至恳，予意已谕，卿勿固辞，入来调理。"）

自江外因国恤还朝乞归疏

（壬申。）

伏以臣浮胀之病，积痼难医，气渐澌败，诸症乘侵，已为笃废之人。入冬以来，痛势尤紧，暂触寒冷，辄至危剧，或似疝痛，或成疮烂，转侧行步，不能自力。时或有不敢言病力疾随班之日，而扶曳跛躄，不成貌样。臣之不堪供仕，举朝所知，从前陈乞，实出情理之不获已，而只是蝼蚁诚微，不能感动天听耳。伏乞圣明怜察前后之恳，务存终始之恩，特许退伏丘原，以毕余命。臣无任兢惶祈祝之至，谨昧死以闻。

（答曰："省疏具悉，心甚缺然。卿之情义，不可到今相弃，须念至情，勿为退去之计。"）

再疏

伏以臣于前日伏承圣批，辞旨丁宁，谕以情义，至以到今不可相

---

① 司译院：朝鲜时期设置的学习外语和培养翻译人才的官厅，隶属礼曹。

② 军器寺：朝鲜时期制造和管理兵器的官厅，隶属兵曹。

③ 提调：管理无堂上官以上官员的朝鲜各司或各官厅的职位。

弃为教。臣奉读三复，瞿然自失，措身无地。臣之前后陈乞，只为狗马之齿，已过致仕之年，沉痼之疾，决无痊复之望。今年以后，病又大变，种种陋恶之症，虽不敢尽渎天听，而废疾之状，人所共知。精神昏丧，筋力澌败，一向委伏，全废人事，以此貌样，其何以自列于原任之后乎？欲于缕息未尽之前，退伏先垄之下，以毕余命，以安贱分，臣之情事，只此而已。

臣本凡庸下流，非敢以进退自处，粗知事不辞难之义，亦不为避事自便之计也。若使臣病不至此剧，精神筋力，尚可支堪，则臣虽无似，自非木石，长辞辇毂，远离父母，岂臣所欲哉？衰年积病，心思易感，每一封章，辄增悲恋。伏乞圣慈更垂怜察，特许退伏，使之静以俟尽也。但臣累年经幄，猥蒙恩遇，而学识蔑如，无一毫裨补圣学，此则臣之罪也，虽死目不瞑矣。臣不胜惶恐祈恳之至，谨昧死以闻。

（答曰："省疏具悉卿至恳，须勿固辞，安心调理。"）

沐浴后仍往墓下辞职疏

（癸酉。）

伏以臣委伏村庐，伏承本月二十一日圣批，教谕丁宁，辞旨严切，臣于垂死之中，奉读三复，不觉涕泪交下。

臣本气弱多病，不比平人，近岁以来，重病在身，转至沉痼，筋力澌残，精神昏耗，思虑谬妄，无复人事。臣自量将此模样，决不敢久忝朝列，常愿退死于先垄之下。故从前屡札屡疏，血诚陈乞，不但人所共知，圣明亦已洞烛微悃矣。今之乞暇椒水，实出于病不获已，而崔鸣吉[①]上达之言，亦非臣之情外也。

---

① 崔鸣吉（1586—1647）：字子谦，号迟川、沧浪，谥号文忠，朝鲜中期文臣，曾任吏曹判书、右议政、领议政等官职。在对待后金入侵上主张讲和，在学问上尊崇阳明学。有《迟川集》《迟川奏札》等著述存世。

自闻严教，寝食不安，所当即为驰还，而宿病添伤，日渐加重，不能起身登路，瞻望宸极，只自悲感。臣窃伏念，臣病非一时伤感之症，时月之间，必无回苏之势，而臣所带各司提调，皆是紧要，不可久旷之地，念及于此，尤不能自安也。伏乞圣慈，审察公私事情，尚衣院军器寺司译院提调，并命递免，以幸公事，以安私分。臣不胜祈恳战灼之至，谨昧死以闻。

（答曰："省疏具悉，孤意已谕，须勿控辞，调理入来。"遣史官谕之，遣内医看病。）

再疏

伏以臣以鄙陋笃废之状，渎扰天听，非止一再。臣虽甚无似，亦有心肠，岂不知分义之所不安乎？

第以臣病，蒙恩调理，为日已久，一向危重，决无回苏之望。而各司提调，事务要紧，退伏村庐，虚带职名，揆之事理，尤有所不自安也。兹敢冒昧万死，更陈悃愊，伏乞圣慈特垂怜察。臣所带尚衣院、军器寺、司译院提调，并命改差，以幸公事。臣不胜惶恐祈恳之至，谨昧死以闻。

（答曰："省疏具悉卿恳，卿宜勿辞，安心调理。"后数日，特遣史官谕之曰："须速入来，以副孤至望。"）

三疏

伏以臣蝼蚁贱命，不生不死，退伏村庐，已至两月。寻常惶闷，枕席不安，屡勤医问，赐以药物，连遣近臣，下谕丁宁，圣慈轸念，恩数至此。臣非木石，岂不知感？沉绵委顿，未即趋命，逋慢之罪，死无所辞。

仍窃伏念，臣之病势，必无回苏之望。而各司提调，事务要紧，不可久旷，伏乞圣明参量公私事势，司译院、军器寺、尚衣院提调，并命改差。臣之前后陈乞，虽出于情事之切迫，而支离渎扰，不胜惶恐战栗之至，谨昧死以闻。

（答曰："省疏具悉，心甚缺然，孤之望卿还朝，不啻若大旱之望云霓，须勿固辞，从速入来。"）

复入阁后陈情乞递疏

（癸酉。）

伏以臣退伏村庐，已经时月，屡承宣旨，尚未趋命，迹涉逋慢，恭俟罪谴。不意新命又及于垂死之日，惊惶颠倒，不知所以为计也。臣之宿患沉痼，已无可为，而腰胁之疼，下部之疮，近日尤甚，专不得起身行步，贱陋之状，虽不敢种种仰渎，而臣情臣势，实为闷迫。

伏乞圣明亟收成命，改卜贤德，以幸国事。臣不胜惶恐战栗之至，谨昧死以闻。

（答曰："省卿上疏，深用缺然，卿其须速入来，以副上下之望。"）

再疏

伏以前者伏承圣批，以须速入来为教，伏想圣意以臣为犹可入来而不来也，臣之情有不然者。臣筋力虽尽，精神虽耗，块胀之症，虽甚危重，犹可力疾扶曳矣。最是腰胁之疼，艰于运动，下部之疮，全不行步，欲为上去则病势如此，欲为退调则分义不安。臣之情事，实为狼狈，时事艰危，相职久旷。臣罪逋慢，固宜万死，其于国事，岂不寒心？

殿下以日月之明，父母之慈，凡臣庶之情，无微不烛，无愿不遂，使各安其分。独臣抱闷，无路自解，中心忧恼，郁而添病。伏乞圣明怜察实情，亟收成命，改卜贤德，以幸国事。臣不胜惶恐祈恳之至，谨昧死以闻。

（答曰："省卿上疏，具悉卿恳。卿以忠良辅弼，佩国安危，孤方欲仰成，而累上辞疏，无意上来，心甚缺然，若失著龟。卿义当休戚是同，须体至意，勿为固辞。"）

三疏

伏以臣本庸愚下士，遭遇圣明，荐蒙宠擢，猥至台鼎。臣当鞠尽筋力，期死夙夜，而不幸衰老之年，遘此危恶之疾，诸患交侵，转相沉痼，连章陈乞，渎扰天听，罪实逋慢，方俟严谴，而即下优批，继遣承旨，眷注敦恳，愈往愈重，自顾惭惧，何以承堪？

且承圣批，以无意上来为教，有若以臣为求退引疾者然。臣奉读至此，茫然失措，不知所达。若臣病不至此剧，犹可自力供仕，则臣是何人？偃然村庐，以为辞退自便之计乎？臣病笃废之状，实是举朝所知，只为蝼蚁诚微，未能感回天心耳。

伏乞圣慈上念国事，下恤臣情，还收成命，以开贤路。臣虽无似，亦有心肠，岂不知分义之所不敢乎？情势闷迫，不得不更冒严威。臣不胜惶恐战栗之至，谨昧死以闻。

（答曰："省疏具悉至恳。卿勿固辞，调理上来，以副至望。"）

与两司[①]同被罪罚疏

（甲戌。）

伏以臣伏闻两司台官，以争执入庙不可之论，连有窜黜之命，臣亦将愚惑之见上札陈列矣。同罪独免，岂有是理？虽蒙圣度包荒，臣何敢委伏私室，晏然病告，有若身无负犯者然哉？

伏愿明正罪谴，均示人臣惩戒之道。臣不胜惶恐闷缩之至，谨昧死以闻。

---

① 两司：指司谏院和司宪府。

（答曰："省疏具悉。卿其勿为惶恐，安心调理。"）

再疏

（三度呈辞后。）

伏以三度乞免，未蒙允许，欲为连告则有所不敢，欲仍退伏则职名在身，臣之情势，实为闷蹙。

臣今狗马之齿，七十有六，筋力精神，余存几何？况此大病，沉绵阅月，宿患乘时，块胀渐剧，气郁胸烦，呼吸促急，腰胁疼痛，转侧须人。臣之吁诉，实非循例呈告之比也。

伏愿天地父母，俯察情悃，勿拘常式，特赐镌免臣职，使得委分安命，以待澌尽之期。臣不胜战灼祈恳之至，谨昧死以闻。

（答曰："省卿上疏，具悉卿恳。卿义当休戚是同，更勿固辞，以副予望。"）

三疏

（七度呈辞后。）

伏以臣病实状，圣明曾已洞察。臣之沉痼委顿，不堪起身之势，举朝所共知，臣非欲为辞职，故引疾病者也。

臣之病卧，已至四十余日，今则气血焦枯，皮骨相连，小腹浮胀，日加月深，人形尽换，鬼事已迫，针药俱停，只待天命。虽荷天地父母之恩，小延须臾，而能复几时也？伏闻近日连有进册①祔庙大礼，诸陵奉审，亦非一二处。臣于此时，尚带职名，偃委枕席，臣心惶闷，何敢自安？伏乞特赐镌免，以便公私。臣不胜祈恳之至，谨昧死以闻。

（答曰："省疏具悉卿恳。卿其勿辞，调理行公，以副予望。"）

① 进册：朝鲜王世子册封。

四疏

（十六度呈辞，再遣承旨敦谕后。）

伏以臣立朝无状，不能见信于君父，病告乞解之恳，疑于托疾求退之计。前后敦教，再遣承旨，臣非木石，岂不知感？岂不知惧？不幸病势至此，无由起身，天之所废，只待死日。

目今虏兵深犯，天下虞危，国论未定，上下否隔。适当此时，一向退伏，臣虽庸甚，不足有无，而职名在身，分义何安？忧心如醉，不知所止。伏乞天地父母，特垂怜察，亟赐镌免臣职，且治臣逋慢之罪，使公义得行，私分亦安。臣不胜祈恳之至，谨昧死以闻。

（答曰："省疏具悉卿恳。卿须体予至意，更加调理出仕。"）

辞左议政疏

（乙亥年四月初十日。）

伏以臣年臣病不堪供仕之状，圣明既已洞烛矣。年前疏札呈告，终岁渎挠，而蝼蚁诚微，不得感回天听。圣批至以春和勿药为教，臣子分义，不敢一向呈诉。及到新岁，扶曳问安，不久有都监之命。

大礼①之前，又不敢陈乞，而其时出仕，本非病愈堪仕也。今则气力尤极澌败，精神尤极昏谬，块胀宿患之外，麻痹不仁，腰背疼痛之症，渐渐加重，转动行步，必须人力。一日之间，昏仆僵卧，起坐时绝少，虽一息未尽，而有同尸躯。以此模样，其何以随参廊庙，酬应裁处乎？

伏乞圣明曲察老臣前后情事，递免臣职，以安臣分，以幸国事。臣不胜祈恳切迫之至，谨昧死以闻。

（答曰："省疏具悉卿恳。卿虽有疾，卧阁论道，须勿控辞。"）

---

① 大礼：追崇仁祖之父定远君为元宗的仪式。

再疏

（四月十二日。）

伏以昨承圣批，温谕丁宁，臣非木石，岂不知感？更此烦渎，极知惶恐，而情势闷迫，不得不冒死陈乞。臣年纪已穷，病势积痼，非但运身行步伛偻扶曳，有骇瞻视，气力奄奄，渐有垂尽之状，虽欲作气自力，而天之所废，不可以人事支也。

臣固知圣情怜眷，不欲遽弃旧物，而虽迟延时月，决无更苏之望矣。伏乞圣明上念国事，下察臣情，亟命递免臣职，以幸公私。臣不胜祈恳之至，谨昧死以闻。

（答曰："省疏具悉卿恳。卿累上辞章，拟为休退，予心缺然，若失蓍龟。卿虽老病，宜体至意，黾勉行公，须勿固辞。"）

三疏

（四月十六日。）

伏以臣连章渎挠，方切惶惧，伏承圣批，又降温谕，眷顾之旨，愈往愈恳。臣虽至愚，亦有心肠，感激涕零，不知所达。

第臣年病至此，衰败至此，上自朝廷缙绅，下至衙门吏胥，莫不言臣顿衰，知其将不得复齿于班列。榻前登对之日，昏耗癃丑之状，天鉴亦已俯察，无复隐情，而尚不蒙恤于天地父母之前，则垂死切迫之怀，更无申诉之路矣。窃见朝臣呈告解职者，无不循例引疾，而臣之陈乞，与他人异情，情穷辞蹙不成文理，只自瞻天望圣而已。

伏乞圣慈更笃体下之情，务存盖帷之恩，亟命递免臣职，使奄奄缕息，静而俟尽则践分幸甚，国事幸甚。臣不胜祈恳战灼之至，谨昧死以闻。

（答曰："省疏具悉。目今国事之艰危，有甚于前日，卿安忍弃予而去，坐见国家之颠隮，而不为之恤乎？卿之一身，系国安危，须勿固辞，以副仰成之至意。"传曰："左相批答，遣史官传谕。"）

出寓东湖时辞职疏

（出来之日，适是昼讲，吏判因文义，上达出来之事，则即遣承旨洪命耉，喻之曰："大臣不坐而镇静，先自出去则人疑必尤甚，不可不速为入来云。"四月十九日。）

伏以国家置相，非以备数，得人失人，治乱系焉，得人然后人心信服，人信然后可与论镇静之道矣。臣以无状，猥仄大臣之后，久为人所轻贱，非徒不得见信，终至辱身而辱国，近日汹汹之言，岂非明效大验乎？

尝闻朱子论置相一款曰："其人可去，其位不可以苟充。"苟充之患，驯至于此，此诚今日殿下之所当戒者也。臣之匪人，国之失人，已不可胜言。而老病之极，昏耗谬妄，虽寻常人事，不可以相责，况此艰危之际，策应机务乎？臣之不宜久冒，事理甚明。

臣自数年以来，疏札呈告，榻前陈乞，终岁吁呼，沥尽肝血，而诚意浅薄，不得感回天心，百尔思惟，未知所以自处也。顾省臣身，上念国事，与其贪恋迟回，病国而妨贤，无宁扶出国门，甘受妄作之罪也。积年尸居，冒昧无耻，既往罪咎，悔无所及，即今垂死，余日虽少，杜门屏伏，以谢将来，臣之至愿也。伏愿圣明察臣情事，许臣骸骨，递免臣所带之职，仍正臣经出国门之罪，不胜祈恳战灼之至，谨昧死以闻。

（答曰："省疏具悉。万甲辈无状之言，不足介怀，须勿固辞，速为入来，以副上下之望。"）

再疏

（四月三十日。）

伏以臣之昏谬，带职出城，妄作之罪，在所难逭。方席藁待命，不敢宁处，又别遣承旨，续降敦谕，臣子分义，岂敢迟延？以重速逋慢之诛乎？抑臣有微悃，系是羞恶之端，天理人情之所不容已者，不得不冒死更陈。

臣闻“不诚乎身，不信乎朋友”，臣之不得见信于人，实由臣平生行已无状，遂致人如此，只自愧责而已。但以臣自处之道言之，大臣居廊庙之上，虽寻常论议之间，为人所轻，不见信用，则几微之际，所当先审，况此山陵奉审，是何等大事，书启告君，岂寻常论议之比乎？无知之汉，不忍闻之说，为一时所倾信，而以老臣告君之辞，为不足信，或以为讳灾而效谄，或欲查得实情，律之以欺蔽小人之罪，自古未闻有被人践踏如臣者，耐羞忍辱，抗颜于具瞻之地也。上自朝廷士夫，下至厮台马卒，亦必嗤点而轻侮之。臣身不足言，其于名器何哉？昔蔡谟不拜司空，王羲之誓墓休官，他之礼不礼，非关自己身上，而见几之士，知渐而处身者然也。如使臣见几于早，不俟终日，则夫岂有今日之事乎？揆之以体面，度之以义理，断无仍冒之道。

伏乞圣明俯谅微臣自处之谊，深念自上使臣之礼，常规之外，亟赐递免。臣之年纪疾病，筋力精神，本无供仕之势，从前陈乞之情，非不切迫，而近日臣心之所不安，尤有甚于此者，故敢以贱陋之状，并渎于天听之下，更乞圣明恕察而夬处焉。臣不胜惶恐战灼之至。

（答曰：“省疏具悉卿恳。凶悖之徒动挠之说，不足介怀，须勿固辞，正色立朝，以杜时人驱逐大臣之习。”）

因郑蕴①疏斥辞职疏

（五月十三日。）

伏以臣病近来益重，沉痼昏仆，无复人事，不意又遣承旨，一向敦迫，逋慢罪重，岂不知惧？顾念贱分，岂不知感？

第臣气力情事，决无供仕之势，只待死日，更无可为矣。瞻天仰

① 郑蕴（1569—1641）：字辉远，号桐溪，谥号文简，朝鲜文臣，曾任吏曹参议、大司谏、吏曹参判等。

圣，沥尽肝血，而延时引日，尚靳一许，情穷辞竭，不知所以感回天意也。伏乞圣明怜察臣垂死实状，亟命递免臣职，以开贤路，以幸国事。

且臣蛰伏郊外，罕与人接，最后始见郑蕴之疏，大抵讥诋臣身，不有余力，而其中论陵制一款，乃是斥臣书启之辞也。当初奉审之日，闻新陵连岁颓圮，仍念新陵封筑之形，与健元陵旧制不同，此后如得遵依祖宗旧制而为之，则虽当雨水之节，似无渟蓄之患，而自有顺流之势。故其时书达所怀，只欲防患于将来，非有一毫他意，而不料今日文成罪案也。荧惑圣聪，是人臣大罪，尤不敢一日安于职名也，臣不胜惶恐祈恳之至。

（答曰："省疏具悉至恳。郑蕴不究事理，掇拾浮妄之说，作为论人之资，其言之不中，人必知之也。卿不可以此益坚求退之志，宜勿固辞，速为入来。"）

再疏

伏以臣虽甚无识，亦知违命之不敬，逋慢之有罪。当初虽有羞恶不安之心，率尔出郊，而及今下谕敦恳，不啻再三，呈告不许，亦已累月。

如臣年病不至十分，气力犹堪供仕，则臣子分义，何敢一向退伏，守株不移，以自甘罪戾乎？使臣虽扶曳出仕，沉绵昏仆，旷官废事，实与在告时无异。臣之徊徨踧蹜，冒死陈乞，冀蒙怜察者，诚以此也。

臣诚意浅薄，既不能感回天听，疾病沉痼，又不得承命趋诣，宁受违命逋慢之罪，以为人臣之戒。臣不胜惶恐闷迫之至，谨昧死以闻。

（答曰："省卿上疏，予心缺然。卿之气力，如是不逮，则卧阁论道，固无不可，卿毋困我，黾勉出仕。"）

三疏

伏以臣伏承圣批，敦迫之旨，愈往愈恳，至以"卿毋困我"为教，臣奉读惊惧，措身无地。

噫！君父之命，虽水火有所不辞，况召之以恩命，重之以恳谕乎？但臣情势有甚闷切者，不得不复此陈诉。臣自上年夏后，病症极重，累月危剧，其间或不无差减之时，而本根深痼，沉绵摧败，渐就澌尽，此乃耋年常理，决非人事所可回苏也。近日暑热之中，尤甚焦煎，块胀麻痹之症，乘时益重，气郁头痛，痰盛喘急，食治几废，消削骨立，虽一息未绝，只待朝暮而已。从前疏札辞单中，不敢以浅陋危苦之症，种种烦渎，圣明何以知臣之实状如此乎？臣本寒贱下士，生长辇下，由科而进，为禄而仕，及今遭遇，最蒙鸿造，唯将筋力，以为报效之地，非敢以进退自处者也。若有一毫气力可堪供仕，则离违殿陛，远辞君父，夫岂老臣之情乎？伏乞圣慈更加矜念，亟递臣职名，使国事幸甚，臣分得安，情事切迫，不避渎扰，罪当万死。臣不胜惶恐战栗之至，谨昧死以闻。

（答曰："省疏具悉卿恳。卿之衰病如此，则虽终岁卧阁，亦不为妨，但当论道匡辅而已。卿须念予至意，更勿固辞。"）

札

辞大司宪札

（癸亥。）

臣迂疏疲软，本不似风宪之长，而近日扶病供务，气力澌惫，精神昏瞀，有若梦中人。臣非不知人器不称，早宜辞退，而生逢圣明，不忍便诀，以至今日耳。

朴东亮，臣非有心于庇护，而亲旧相连，细知其本情，故自不觉愤嫉之心渐解，而原情之论遂胜矣。当此反正讨罪之日，为法官者，所当赫然至公，如青天白日，而臣昧于物论，汩于私意，既乖先后之序，又失轻重之科，臣之罪允合万死矣。请先正臣罪，以振颓风，以扶公道。

臣内伤外感，症势弥留危苦，委仆枕席，今已累日，不得与同僚一时辞避，召命之下，又不得趋诣，臣之罪至此而尤所难逃矣。

（答曰："所谓轻者，岂独谓朴东亮乎？大抵近日论罪似不公，故叹其气象之不美，言之耳，勿为辞避，速为出仕，以振纲纪。"）

再札

台官之体，凡有论议，长官为主。近日之事，臣实主之，若以循情护党之罪律之，则两台官之只递，亦是圣度包荒，况臣全免，闻见谓何？

物有总摄，事有机会，今日深治偏党，痛祛积弊，此诚不可失之机会，而先正臣罪，以肃朝着，亦为总摄众志之道也。伏愿圣明终廓干断，以征后来。臣之贱疾，日就苦重，呈告得递，似涉循例，兹将微悃，更渎宸严，臣不胜祈恳战灼之至。

（答曰："勿为辞避，速为出仕，以副予望。"反正后台谏论启，请锦溪君朴东亮门外黜送，而自上以为论罪甚轻，显有护党之色云云。特递两持平，故以独免为未安，连上札子乞递。）

三札

再陈危恳，未蒙允许，臣诚惶闷，措身无地。

臣之不可出仕，其义有三：臣与同僚，始终同议，是非得失，理无独殊，而臣独蒙出仕之命，同罪异罚，闻见甚骇，此不可出仕一也；台官，正己而物正，臣显有所失，何以言人之失？身既不正，何以正人之非？冒昧而行，有腼面目，此不可出仕二也；痛惩循私党比之习，允合今日变革之举，而圣教一下，群情震惕，受责诸臣，亦自知罪，臣之独免，未知何辞。微臣进退失义，固不足恤，而抑恐国人窥殿下之举措也，此不可出仕三也。

始初之政，所系非细，伏愿圣明深思熟虑，一体屏斥，以尽好恶之道。

（答曰："勿辞，速为出仕。"不得已出仕，又为避嫌，而又不蒙递，退待物论，本府处置，又请出仕。）

辞吏曹判书札

（癸亥。）

伏以臣本无才德，加以迂疏，新化之初，首忝宪长，纲纪不振，禁令不行，见识不明，论议不定，台宪风裁，消落殆尽。出入经幄，已多时月，曾无一毫裨补圣德，臣之无用，殿下洞烛之矣。不意新命又出人望之外，惊惶陨越，措身无地。

窃念今之铨长[①]，古之冢宰，仕路清浊，庶务坠举，生民休戚，国家安危，皆系于铨长之得人与否。以殿下之明哲，宜择识鉴精明秉心公正之人，以授是任，而不知殿下何取于已试不效之臣乎？

臣之生世，已六十有五岁矣，历数前代，绝不见如臣者得为铨长也。瞻聆骇异，百僚解体，真所谓歇后作相，时事可知者也。臣虽无似，岂不知闻命即谢，以报殊恩？揆分量才，决难承当，退伏累日，公议不发，三告加由，出于异数，臣诚忧悸，有若负重而临蹶也。

伏愿圣明，察臣危恳，命改臣职，授以可堪之任，使得随分尽忠，公私幸甚。

（答曰："省札具悉。卿宜勿辞，须速出仕，以副予望。"）

---

① 铨长：即吏曹判书，又称铨相、铨席、铨判、大冢宰。

辞吏曹判书札

（甲子。）

伏以臣之呈告乞免，非但为疾病而已也。臣愚无似，圣明所洞烛，臣不暇自列。

臣之受任，已经半岁，其间为政，亦云久矣。循常守规，未能自拔于流俗积习之中，每一为政之后，点检除拜之人，可信者少，疑虑者多。臣心不厌，物议云何？官人得失，系国成败，此臣之所以忧惶蹙缩，不敢一日安于铨席之上也。

臣言非饰，出于血诚，伏乞圣慈，勿以臣为循例之辞，亟许递免，以幸国家。上年十二月二十五日，都目政①后，即为呈告三度，加给由，又上此札，亦不许递，乃出仕。

（答曰："省札具悉。卿宜安心察职。"）

辞吏曹判书札

（甲子。）

臣年衰病甚，决无供世之望，三告乞免，实非虚饰。而加给由之命，出于异数，惊惶陨越，不知所处。

臣窃伏念，圣意所在，必以铨曹长官久于其职，庶可责其成效也。噫！得人而任则愈久愈善，如不得人则一日在位，贻一日之害。臣愚无状，岂宜久冒？妨贤病国，所系非细。况臣精神昏愦，筋力澌残，脐腹有浮胀之气，左边有偏寒之症，其他危苦之疾种种贱陋，不敢烦渎。

伏乞圣慈察臣之才不足任重，怜臣之病难于驱策，许递臣本职及

① 都目政：又称都目政事。在朝鲜时代，每年的六月和十二月，吏曹与兵曹议论官员功绩和过失并讨论升职和降格的制度。

兼带同知经筵元子[1]师傅，以安臣分，以幸国事。

（答曰："省札具悉。卿固合此任，宜勿控辞，速出行公，以副予望。"）

再札

再陈贱悃，极知猥滥，而忧惶切迫，不得不更渎天听。臣之当初受命，非不知不能胜任，而诚意未格，累辞不允，感悚之极，继以贪恋，因循至今，苟度时日。

古人曰："及之而后知，履之而后难。"臣曾在先朝，忝窃郎僚，实不图铨官之长为任之难，至于此极也。贤才不收，阘茸未退，公道未恢，请托未袪，国事日非，身殃渐重，内怀忧愧，外积讥诮，臣之不可仍冒，事理明甚。不但臣自知之，知臣者见而知之，不知臣者闻而知之，此乃一国公共之论也。以殿下明哲，群臣能否，靡不烛照，而愚臣密迩经幄，为日最多，衰病之状，庸拙之实，必已洞见肝肺，无复余蕴矣。未试之前，犹或试可，既试不效，何用久误？

噫！鞠躬尽瘁，死而后已，是虽臣子之分义；陈力就列，不能者止，兹亦圣人之明训。伏乞圣慈矜臣不能，许臣知止，亟递臣本职及兼带同知经筵元子师传，使臣得以退保孱病，少延危喘，公私幸甚。是年六月都目政后，即呈三度，加给由。又再上札，不得命，乃出仕。

（答曰："省卿札辞，予心缺然，卿何辞之至此耶？去此所陈四弊，卿实能之，速出行公，以副予望。"）

三札

伏以今臣呈告，出臣不意，臣常以不能胜任为惧，故从前屡告连札，榻前陈乞，亦非一二。而微诚未格，终不允许。臣自是后，不敢

---

[1] 元子：指册封之前的王世子，这里指朝鲜国王的长子。

徒守退拙让贤之心，而将殚竭筋力，以为尽瘁之计矣。不料衰败之年，猝遘危厉之疾，沉痛苦极，幸而回苏，三受恩由，累日调治。非不欲出仕供职以无负初心，而元气大败，余症尚重，热未尽退，食未接口，咳嗽不绝，虚汗长流，起身出门，势不能也。

观臣气力，旬月之间，决无完复之望。臣本职及兼带同知经筵元子师传，皆不可久旷之地，伏乞圣慈亟许并递，使得少延危喘，以保残生。

（答曰："省卿札辞，予深虑念，卿勿控辞，调理察职。"）

辞刑曹判书札

（乙丑。）

伏以臣以衰败之年，累经危恶之疾，精神筋力，决难供务。而犬马怀恋，黾勉迟回。近日以来，感冒弥留，从前所患湿痰，凝结脐腹，浮胀之症，乘时复作，积伤而发，根本深痼。思欲解职调治，以延缕命，不意三告加由出于异数，臣诚惶闷，不知所处。

抑臣情事，有尤甚不安者。顷日，臣曹①查核丁永信免贱从良及致死根因也，只据其尸亲之招回启矣。今闻永信之家，不无回隐未尽之情，而不能钩得实状，则臣曹显有查核不明之失，而因此台官尽递，严旨累下，使台风摧沮，圣德亏阙，臣曹之罪，至此而尤大矣。

台官不避贵戚，执法论事，该曹拘于文案，查启失真，是非甚明，公论至严。伏乞圣明绝祛偏系，奖右台宪，亟命斥改臣职，以解瞻聆之惑，不胜幸甚！

（答曰："省札具悉。卿宜勿辞，调理察职。"）

再札

累札陈乞，极知烦猥，私情切迫，不得不更渎天听。臣之所患湿

---

① 臣曹：吴允谦时在刑曹。

痰，凝结脐腹，浮胀之症，积有岁年，根本深痼，一有风露感冒之候，或有勤苦劳伤之事，则乘时发作，往往而剧。近日以来，浮处渐大，胀气渐重，胸膈烦惫，呼吸拘急，其势决不能用筋力供事务矣。

窃观刑官为任，实非闲漫。一日废衙，便见诉牒委积；一日滞囚，足以损气伤和。岂可以贱疾之故，而久旷刑狱之地乎？

伏乞圣慈怜臣宿疾有非朝夕待瘳，察臣职务不可一日旷废，亟许递改，以幸官事，以安臣分。此札子无批答，只踏启字而下，以故得递刑判。盖上意想以屡札乞递为未便，故不赐一言批也。

辞再任吏曹判书札

伏以无状小臣，荐蒙误恩，又叨匪据，此岂臣思虑之所及，抑舆情之所不料也？臣诚惶闷，不知所处。臣之庸拙，圣鉴之所洞烛，已试不效，公议之所共知，臣将何面，更污铨席，重偾国事乎？

况臣近日以来，重患暑症，病势弥留，差复未易。伏乞圣慈亟递臣新授本职，以幸公私，即欲陈札，恐涉烦渎，只呈辞单，庶几圣察。而政院不谅情意，循例出给，臣不得已干冒天听，不胜战栗屏营之至。

（答曰："省札具悉。此时此任，非卿不可，不须辞之，速出行公。"）

递吏判后辞知经筵、世子宾客札

伏以无状小臣，滥蒙恩渥，清班重地，前后冒据。极逾涯分，始误圣鉴，终偾国事，臣之罪戾，死无足惜。

且臣前忝铨曹之日，政院问启之辞，造次之间，只陈其日为政大概，承传未及举行之由，初非有心于饰辞而逃罪也。及承严旨，反而求之，诚有如圣教者。秩高守令监察之窠，固难以承传拟差矣。其余六品及初入仕之窠，不为不多，迁转之外，除出参用，实无不可。而昏然不省，阙然放过，官事任长，责专在臣，废阁欺饰之罪，至此而无所逃矣。

人臣事君之道，处心进言之际，一有不实，则余不足观。臣四年筵席，一无裨补，乃于垂死之日，犯此心术之罪，臣诚惶栗惭腼，无以自立于圣明之下也。

臣本病孱之人，年迫七十，神识昏愦，后失前忘，虽寻常训诂之间，开卷茫然，有如不曾读者。加以素患湿痰，脐腹浮胀膝骨寒疼之症，日渐危重，必须多方针药，积久调治，然后庶望生全。臣兼带经筵知事讲院宾客，不可久旷，伏乞并命改差，以幸公私。

辞经筵宾客及尚方提调札

伏以臣自前月以来，左足成疮，渐至瘢伤，阅月经时，愈久愈甚，今则专不纳靴行步。

臣所兼尚衣院提调，系是御供之地，封署开闭，必提调亲之。而提调臣郑光绩以都监堂上，无暇本院之事，今又在告，臣之足疾如此，久不得趋衙。当此诏使之时，事多积滞，时急出纳之事，极为闷虑。尚衣院提调，伏乞改差。且臣之庸陋，最在人下，年迫七十，神识昏愦，经筵重地，本不近似，常怀凛凛，而所患之疾，治药未效，其势差完，不可易期。臣所带经筵知事、世子宾客，并命改差。臣无任惶恐战灼之至。

（答曰："省札具悉卿恳。卿其勿辞，调理察职。"）

再札

伏以无状小臣，贱疾之故，累渎天听，极知死罪，而公私情势，不得不更烦陈乞。伏蒙恩由，已复经旬，多方治摄，苦未瘳痊，一向瘢伤，愈久愈甚。一足所患，虽是末疾，而其不得行身，实与重病无异。

经筵重地，决不可虚带久旷，尚方之事，亦不可一日稽滞，诚为闷虑，不敢自安。伏乞圣慈察臣实情，臣兼带经筵知事，世子宾客尚衣院提调，并命改差。臣无任祈恳切迫之至。

（答曰："省札具悉卿恳。卿其安心调理，不必固辞。"）

辞经筵、宾客札

伏以臣自少日，精神昏短，不比平人。及今犬马之齿，已迫七十，遗亡丧失，益难收拾，至于寻常训诂文字，亦皆茫然不省。神者心之灵，而心者身之宰也。神昏若此，何事可做？因而志虑耗荒，处事乖谬，块然漠然，只存躯壳。虽微官庶务，些少照管，尚没奈何，况经筵重地乎？顷缘疾患，累乞镌改，辞意泛然，未暴实状，窃恐圣鉴或未尽悉于臣之无似也。臣之承授是任，亦已久矣，前此不敢单举自列者。诚以所忝本职，尤似紧重，陈乞之际，每先所急，因循至今，若固当之，而内省身心，顾思名义，凛然知愧，终不敢自安也。

恭惟圣明天覆，无物不遂，怜臣衰耗，谅臣实情，经筵知事，世子宾客，并命递改，使愚下之臣，得安其分。臣无任祈恳战灼之至。

（答曰："省札具悉。此时累辞，似乎过当，卿其勿为固辞。"）

辞新授右议政札

（在广州，丙寅。）

伏以臣于病伏昏愦之中，祗受下谕，不意新命出于舆望之外，心神惊震，久而靡定。瞻聆错愕，远迩疑怪，岂独臣之不幸，实国家之羞也。

臣得侍经筵最久，殿下亦历试臣既多，臣之百拙无能，不足任用之状，殿下已知之矣，臣不敢自列也。当今元勋重望，老成先进，历数朝列，未为无人，以臣之愚，反居其上，臣虽无耻，何敢承当？置相得失，关国安危，比之于棋，失一紧着，便是败局，臣知异时圣明必悔之矣。

伏愿殿下深惟军国之计，审察兴替之机，不远而复，还收成命，改卜贤德之臣，以慰朝野之望，臣无任闷迫析恳之至。

（答曰："省札具悉卿恳。卿学识才德，众所共推，名覆金瓯，亦在人先，欲济时艰，舍卿伊谁？今拜此任，实出舆望，卿宜安心勿辞，须速上来，以副予意。"遣史官谕之。）

再札

伏以昨日伏承圣批，温谕丁宁，臣惶悚感涕，不知所达。第念国家任人，当以其器，人臣受任，各量其才，此不易之义也。

臣遭遇圣明，感激隆眷，前后冒受，皆不自量，尸位素食，负国孤恩，自知罪戾，心常凛凛。往既不谏，来可以追，揆分量才，决难承受。臣之平生退转，不得长进，正坐气禀柔懒，全乏阳刚振发之资，退而守拙，犹可自勉，进而有为，诚不能也。今若强其所不能，必欲策而驱之，责蚊负山，颠仆无疑，臣身不足，说奈国事何？

伏愿殿下勿拘常规，明察英断，改卜贤相，以济时艰，以幸国家。臣非不知烦渎为惧，而事系安危之重，不得不冒死更陈，无任切迫祈恳之至。

（答曰："省卿札辞，予心缺然。予意前已尽谕，须勿固辞，速为入来，以副上下之望。"）

三札

伏以臣披沥肝血，累陈情悃，辞不达意，诚未格天，徒归于循俗例让之为。未蒙察其实状，矜其不能，此臣平日不能诚实，不得见信于君父之所致，惶悚惭赧，无以自白。

夫君父之命，虽赴汤蹈火，有不敢辞者，擢之台辅，视以股肱，人情宁有欲辞之心乎？况臣本非山野之士，由科而进，为禄而仕，何敢以进退自处乎？只为其事诚不堪当，其情甚不安也。臣之不赴召命，已至旬日，逋慢之罪，固合万死，与其冒进而颠沛偾事，无宁退伏而甘受逋慢之罪也。且臣近日以来，得疾甚重，半身偏伤，已成风病之人，其势决不能供仕。而今臣之忧，正在于人器不称，不能胜任，故不敢以疾病烦渎也。

伏愿殿下更加快断，勿以改卜为嫌，惟以得贤为务，明鉴慎简，以幸国事。臣不胜切迫祈恳之至。

（答曰："省札具悉卿恳。卿勿固辞，调理上来，以副予望。"三札后犹不得请，不得已上来肃拜。）

因宪臣避嫌辞职札

伏以臣遭时罔极，不敢告退，虽闷默奔遑于危急之际，而自知无状，决不可久冒匪据，寻常凛凛不安矣。今见持平申达道避嫌之辞，有曰庙堂与台阁，歧以为二，言必矛盾，计必枘凿，不知协和朝廷，只要和好胡虏，不能攻击胡虏，唯务排击台谏。臣之尸居庙堂，不能攻击胡虏，只要和好胡虏则是臣之罪，虽万被诛责，固无所辞。至于排击台谏则本非臣心所存，诚未知指何事而云耶？

前日政府之启，只为开李贵出仕之路，以救解情外之言耳，何尝有意于排击也？台官显加刺斥，至谓朝廷不和，腹心受病，将至不可救药，其归罪之重，乃至于此。臣虽无耻，岂敢偃然朝堂，以误国事乎？伏愿圣明斥免臣职，改卜贤德，以济艰危，以安愚分。

（答曰："省札具悉。无伦之语，如是相较则反损大臣体面，卿勿控辞，痛惩此习，使年少新进之辈，得知庙堂之尊重。"）

出仕后再札

伏以臣于前日，重被台官刺诋，为臣自处之道，所当退而杜门，以谢人言。而左议政臣申钦方在再告中，备局废坐已三日矣，紧急回启之事，渐至稽滞，臣实瞿然忧之。今日虽强颜来仕，而顾省臣私，岂得安心？

且臣才拙智浅，加以昏耗，从前军国重事，专靠僚首，臣于席末，仰成而已，独当筹划，臣所不敢，当此艰危之际，一着得失，成败所关，此臣之所以尤不自安也。昨承圣批，有曰：“使年少新进之辈，得知庙堂之尊重。”此不可以他求，唯早退如臣匪人，亟升贤德重望则年少之辈，自知庙堂之尊重矣。伏愿圣明留意焉。

（答曰：“省札具悉。卿其安心行公。”）

引疾辞职札

（丁卯。）

伏以凡朝臣呈告乞递者，例皆引疾，其间虽有实病在身势难供仕之人，皆不免为循常之事，而圣明亦安得以尽察乎？

今臣之告，与他人异情。臣自八月以后，重患泄痢，弥留累旬，辗转添伤，下部虚寒，湿痰凝结，脐腹之下，渐渐浮胀。今则浮胀之气，延及腰胁，拘牵烦懑，气郁而上，饮食日减，元气日败，臣本衰朽，何以堪支？臣之所患，非一时偶发之疾，曾于己未年间，患此症甚重，辛苦经年，必死幸生，犬马之齿，比前愈迈，危恶之症，本根深痼，差痊之望，决无期日，此臣之所以冒死渎挠，而不知止也。至于臣之迂疏不才尸素无用之状，非不自知而不暇陈列也。

伏乞圣慈察臣实病，怜臣澌败，臣本职及兼带，并命递免，以幸国事，以安臣分。臣不胜祈恳之至。

（答曰：“省札具悉。予甚虑念，卿与寡昧，固当休戚是同，终始勉辅，岂可以一时疾病，至于乞解哉？卿须念时事之孔棘，速为调理出仕事。”遣史官谕之，仍传曰：“遣内医看病。”）

再札

伏以臣以贱陋之疾，屡渎天听，方切惶惧，伏承圣批，温谕丁宁。至于遣医赐药，蒙天地父母之慈。日望回苏之渐，而不幸痼疾，一向弥留，浮胀上升之气，少无所减，腹痛泄泻之症，近复添重，真元日消，肌肤已脱，臣之气力，恐不得支撑也。废仕之久，已经累旬，差痊之望，决无期日，臣心惶闷，不敢自安于病席也。

伏乞圣慈察臣病势，谅臣情事。臣本职及兼带，亟命递免，以幸国事，以安臣分，又此渎挠，臣罪万死，取进止。

（答曰："省札具悉卿恳。勿药之喜，予日伫待，须勿固辞，善为调理出仕。"以仁居之狱出仕。）

引疾辞职札

（丁卯。）

伏以臣重病在身，势甚弥留，前者屡告屡札，庶蒙垂察。而不意逆竖称兵，变出近邑，作气而起，扶疾而行，其时岂有顾念身病之心哉？

至今凝结浮胀之气，少无痊减，腹里刺痛之症，差剧无常，时于公坐，不觉失声，知臣病者皆以为危，不仕备局，今已有日，臣心悚仄，不敢自安。臣病无易苏之期，臣职非久旷之地。伏望圣慈谅察公私事情，臣本职及兼带并乞递免，取进止。

（答曰："省卿札辞，予甚虑念，卿须勿辞，安心调理。"）

辞勋札

伏以臣等以推官[①]不可录勋之意，陈启陈札，至再至三，而未蒙允俞，窃恐圣明犹有所未孚于臣等之肝膈也。

今此录勋之举，圣意所在，实非偶然，当慎拣告变时宣力之徒，以酬其劳可也。鞫厅诸臣，只奉旨讯问而已，有何可纪之勋乎？虽有己丑旧规，此特出于一时恩命，非经远率由之典也，今不可援以为例，混施罔功之人，以取讥当时，贻笑后世。臣等虽无似，备位大臣，凡

---

① 推官：审问罪人的官员。

系政令之失，当随事力争，务欲刑赏不滥，人心洽服耳。连章累牍，不避渎扰者，岂但为一身廉耻而已哉？

伏愿圣明勿以臣等之言为例让，揆之事理，参以时势，亟收并录之命，以杜滥伪之弊。

（答曰："省札具悉卿等之至恳。予意前日已谕，卿等须勿固辞。"）

引疾辞职札

伏以臣之湿痰，凝块小腹，浮胀之症，积痼难医，呻痛之中，仅仅支行已累月矣。自近日以来，感伤风寒，诸般苦症，虽不敢一一烦渎。而痛势甚重，不得随参推鞫，今三日矣，臣不胜惶恐未安之至。臣本职及兼带，并乞递免。

（答曰："省札具悉至恳。卿其勿辞，安心调理。"仍传曰："遣内医看病。"）

再札

伏以臣重感寒疾，痛势甚苦。伏蒙圣慈遣医赐药，臣诚感激，不知所达。臣年衰气微，差复未易，头痛流汗，尚伏枕席，昨日召命之至，不得趋诣，臣不胜惶恐。日已昏暮，未即陈列俟，罪尤增惶恐。

（答曰："省卿札辞，予甚虑念焉。卿其勿辞，安心调理。"）

引疾辞职札

（戊辰年四月。）

伏以臣宿病在身，浮胀之气，渐觉添重，近虽殚竭气力，扶曳行公，而其势殆不堪支。数日前，又遭长子妇丧，伤痛之中，病势转剧。胸膈烦郁，腰胁疼痛，不能起身，召命临门，未即趋诣，臣不胜惶恐待罪。

（答曰："省札具悉。卿其勿为待罪，安心调理。"）

引疾辞职札

（戊辰。）

伏以臣当此内外艰忧孔棘之日，久冒匪据，无所猷为，唯以贱疾，屡渎天听。臣虽无似，亦有心肠，岂不知分义之所不安也？病势至此，既难供仕，则闷迫之情，亦安得不陈于天地父母之前乎？

臣之湿痰，凝结小腹，浮胀之症，积有年岁，每有疾患，辄乘时发作，已为深痼难医之疾矣。自上年秋冬以后，胀势渐重，而亦无朝夕紧急之痛，故作气扶曳而行，累阅月矣。今则浮胀之气，延及腰胁，转侧行步，甚觉拘牵。近又添得痁疾，寒热往来，头痛眩晕，元气澌靡，精神昏耗。臣年七十，气力几何？以臣之气，较臣之病，差痊之望，决无期日。

伏愿圣慈察臣犬马之年，念臣沉绵之状，臣本职及兼带，亟许递免，使臣得以延息须臾，静以俟尽，臣不胜切迫祈恳之至，取进止。

（答曰："省札具悉至恳。卿其勿辞，安心调理。"）

引疾辞职札

（戊辰。）

伏以臣本无才德可以称职，而徒将筋力，奔走服劳，以为报效之地矣。今臣病势深痼，元气澌靡，七十垂尽之人，决无筋力可以供仕，则臣之呈告，诚出于不获已也。

昨蒙圣批，温谕丁宁，以从速调理出仕为教，抑恐圣明似有未悉于臣病之实状也。臣之所患，若是一时感伤，可以易调易差，则何敢屡告屡札，烦渎至此哉？臣虽尸素，顾所居则相职也。当此艰虞之日，一向病伏，非但臣私有所未安，旷废职务，久妨贤路，其于国事，亦甚不幸。臣之所以不得不更陈情悃，以祈垂察。

伏乞圣慈审量公私事情，臣本职及兼带，并乞递免，臣不胜切迫祈恳之至，取进止。

（答曰："省札具悉至恳。卿以忠良辅弼，佩国安危，予方切仰成，不意兹者，卿辞至此，予心缺然，爰命医官不离看病，卿宜善摄身恙，从速出仕。"）

再札

伏以臣不幸婴疾，比年渐重，自去秋以来，病告辞札，前后相续，渎扰天听，臣每一封章，心神万殒。

前日伏奉圣批，辞旨恳眷，出于寻常，臣愚无状，何敢胜当？至于委遣内医，不离看病，感激惶悚，措身无地。第臣所患块胀，积久深痼，已成难医之疾。今添泄泻寒热之症，亦由宿疾在身，气败胃伤而致也。臣衰已甚，暮景垂尽，病败相仍，理势之常，决非时日之间所可回苏，伏乞还停内医看病之命，使臣得以安心于枕席也，臣不胜猥滥惶闷之至。

（答曰："省札具悉。遣医之后，勿药之喜，予日伫待，卿勿控辞，安心调理。"）

因刷送[①]事引咎札

（戊辰。）

伏以臣前日，备局有司堂上，以上命来问刷送可否。臣常以为处国家之事，与匹夫处身有异，不可全置利害于度外。故臣意凡被掳之人，受价转卖，胡俗也。今虽刷送若干名数，而若于所授之胡，持物货求赎，则犹可解其暴怒，全还人命，此亦为方便缓祸之一计也。病昏之中，未暇反覆消详，率尔仰对，及见张维之札，明白直截，理到之言，安得不服？方恨臣操守不固，过为利害所动矣。

---

① 刷送：遣送俘虏之事。

今闻姜瑜[1]，以不治议者偾事之罪，至于归咎台官，臣尤不胜惧然也。臣以无似，久冒匪据，不能设一策，御敌而保民，反为此害义理失人心之论，若非圣明坚定不挠，则几误国事之罪，臣实当之，请治臣罪，以谢国言。

辞尚方提调札

伏以尚衣院偷窃奸滥之事，狼藉至此，而臣备员于提调之首，其不能检饬致察之罪，臣亦难免，理不可仍冒其任。且本院提调，非如外各司提调之比。凡御供之需，封闭出纳，必提调亲为之。臣自忝冒相职之后，拘于体面，不得出入院中，亲自照管，虚疏不职，臣实当之。伏乞递臣提调，以幸公事，以安臣分。

（答曰："省札具悉。卿近来长在疾病之中，奸滥之事，不能致察，势所固然，卿其安心勿辞。"）

辞领议政札

（戊辰。）

伏以臣才德俱蔑，年病已深。曩日愚臣之力辞，圣上之许递，允合公私事理。蒙天地父母之慈，庶望保摄余喘，而不意兹者，复申前命，臣心惊惧，若殒渊谷。

臣尝读朱子《延和奏札》，论辅相一款曰："不称则更求贤者而易之，其人可退，其位不可以苟充。"至哉言乎！殿下试臣二年，既无一毫之效，臣实不称之甚者，可退而不可复进也，况揆席之首，体面尤重，以臣庸愚，何敢承当？伏乞圣明改卜贤德，以幸国事。

（答曰："省札具悉。前日之勉副卿意，盖出于不获已，非以为不

---

① 姜瑜（1597—1668）：字公献，号商谷，谥号忠宣，朝鲜文臣，曾任京畿道节度使、户曹参议等。

称其任也。卿之德望，实合具瞻，须速出仕，亮采惠畴。”）

因李贵论斥辞职札

（己巳闰四月十六日。）

伏以臣百拙无一能，且不晓解事务，前后重任，皆非所堪，自知甚明，何待人言？只以呈辞则近于循例，札疏则诚未格天，黾勉晨夕，寻常愧惧。伏闻昨日筵中，兵曹判书李贵论臣一款，正中臣之实状，臣之冒昧尸素之罪，至此而无所逃矣。

李贵是臣母党尊属，自少相亲，故知臣无用，莫李贵若也。况臣衰耗已剧，宿病在身，昼则扶曳趋衙，夜则委顿床席，精神昏丧，有若土偶，当此军国虞危之时，决不可一日仍冒，重误机宜。伏愿圣明察臣情事，递臣职名，以幸国事。

（答曰：“省札具悉。昨者兵曹判书李贵妄论大臣，厥失大矣。然志在矜伐，而无他意，其不能择言，亦是病痛，故置而不责，其忿憍之言，不必与较，卿宜勿辞，安心行公。”）

请进讲《大学》札

（庚午三月。）

伏以臣愚，尝仰殿下有圣人资质，当为圣王事业。越自遭遇八年以来，其向望期待之诚，有非臣口所能尽臣之情也。但圣王事业，不可以智力功利假借而为之也，必有圣人之学，为之根本，然后布置施为，皆得其道。

所谓圣人之学，非有他道，悉备于《大学》书中，三代之教，只有此法，无许多文字。从古圣贤，皆从这里专功，以为终身受用之地。帝王修身治国之道，不可舍此而他求焉。如《论语》《孟子》，亦无非圣贤切要之言，而皆是随事答问，只一项事，自为一项道理，学者读之，难见要领，不如此书统说为学之大方。其规模节目，先后次第，井井不紊，一开卷而便可领会，不欲为学则已，苟志于学则当于此书，反覆熟玩，专精体认，循序用功，须臾不可离也。

昔，尹和靖见伊川半年，方读此书。朱子亦言吾平生精力，尽在此书，圣贤之用功于此书，于此可见。今世之人，视此书为小子诵习之陈谈，读了一过，更不收拾，诚可痛叹。臣窃惟殿下之于此书，既讲之久矣，圣学高明，其于规模节目，文义句读，想已通透，无有未尽之恨矣，第未知反身验心之功何如也？夫读书，将以行之也，如读格物致知，则须是实用力于格物之功，以致其知。若只如此读，实不如此做，则所读之书，只资口舌润文笔而已，于身心有何益乎？其间虽不无感发善端，开明知识，而终不得为大段全体之圣学也。

伏愿殿下担当圣学，委质从事，常以此书，置之几案，披阅玩索，日复一日，虽读他书，将他所说道理，却就此书条目，逐一填补理会，交相发明。且凡日间应接用心处事之际，必以此书为准则，昼而行之，夜而验之，行有不合，则惕然改之。如恐不及，至于性偏之处，尤加猛省克去之功，无容一毫苗脉焉，持守既久，渐见纯熟，然后方是讲此书之效也。诚意之功，务在笃实，正心之功，最为精密，切愿殿下专意焉。若乃齐家治国之道，自有推广之序，而本末先后，经有明训，臣未暇陈达，更愿殿下日新己德，以为新民之本焉。

臣自少时，授读是书，虽气质凡用，物欲汩没，不能有所持循，而愚下之见，未尝不深信其必然也。兹于侍讲之初，以先讲此书为启，即讲之后，以通讲或问，累次陈启。只缘臣非亲经历践履之事，奏达之际，言不明白，事不真实，无以感回天意，此则臣之反身不诚，不得见信于君父之罪也。臣每于进言之时，顾省臣身，不觉背沾汗而面发赤也。

臣于近日，因病受针，蒙恩调摄，退休累日，呻病之中，有时披读章句，玩复之间，深有所感焉。盖臣衰病已甚，死日将迫，众念消灭，本心呈露，伤既往之莫追，慨前途之已暮，不任犬马之精，敢效芹曝之献，伏愿殿下虚心留省焉，取进止。

（答曰："省卿上札，深嘉至诚。札辞，予虽不敏，当服膺而自勉焉。"）

论追崇典礼札

（庚午十二月。）

伏以臣学术空疏，不能晓解礼经，神识昏耗，不能明见事理，常自愦愦度日。而顷者榻前，以李贵札论，下询于臣，臣虽甚愚无知，不敢不以所怀陈达也。臣意以为创业之君，始自建立宗庙，故追崇先代，无所压屈，无所妨碍，允合事理，且有典礼可据矣。

今殿下中兴功烈，虽与创业无异，而以小宗入绍大统，奉承先王宗庙，其事体与始建宗庙不同也。大院君[1]上无承受祖宗之命，下无临御臣民之事，而殿下以私恩追崇大位，升入太庙，臣恐于宗统有所压屈，于公义有所妨碍也。孔子曰："践其位，行其礼，奏其乐。"不得践其位，则其于礼乐，何哉？如此莫大之事，必合于礼之正，然后人心悦服，若使不合于礼，人心不服则虽曰尊亲，而非所以尊亲之道也。

且臣之愚意，今此追崇入庙之举，非践位之君自然相继之序也。一位升附，一位祧迁，殿下尊亲之情，追远之孝，必不得两全，此亦不可不商量也。以臣昏耗，其时说话，为日已久，虽不能了了，大概记得如此。瞽言无据，诚不足为有无，而于追崇入庙之论则左矣。伏见李贵前后札答之批，臣心惶惧不安，久而靡定，今日廷臣，不得将顺圣上至情者，只为此而国家莫大之举。而前代亦无明白可据之文，故或见处不同，或见到不及，或言语不中，援譬失当，而其心则均是为国家为君父，非有他情也。殿下以过情之言，疑群下大甚，近日以来，朝着失色，气象不佳，殊非圣朝之美事也。

---

① 大院君：旁系亲族继承王位后，给生父封的爵位。

伏愿圣明平心和气，勿以逆心为非道，勿以私恩掩公义，其难其慎，务得中正之礼焉。臣以不学无识，冒据揆席之首，使国家大议不得归一者，皆臣之罪也，伏乞圣明早赐斥黜，改卜重望达礼之贤，则论议定而朝廷尊，国家幸甚，取进止。

（答曰："省札具悉，卿其安心勿辞。"）

引疾辞职札

（四度呈辞后札，辛未年正月。）

伏以臣伏承下谕，宜勿固辞，须速出仕为教，臣诚惶闷，不知所处。第以臣身轻贱，名器尊重，轻贱之身，据尊重之器，其所损伤，必然之理也。臣为是惧然，不敢一日自安于匪据也。况臣犬马之齿，今年七十有三，昏耗谬妄，固不足言。而宿病转痼，痛势日剧，精神丧失，筋力澌残，颠仆就木之外，更无他事。

伏乞圣慈怜察情事，勿拘常规，臣本职及兼带，并特许递免，以安愚臣贱分，以完朝廷名器。臣非不知烦渎为未安，公私切迫，冒死陈达，取进止。

（答曰："省札具悉。此非大臣辞退之时，须速出仕，以副予望。"）

救左相及玉堂札

（传教中，有与李贵不和者，独当排抑之语，故上札救之。辛未四月。）

伏以殿下不以臣为无状，置之大臣之列，非为荣宠其身，实欲咨取其言也。当此追崇典礼，国家莫大之议，臣不敢隐其所怀，反覆陈其不可，非止一再。而殿下非但不为采纳，使之直奉承传，奏闻天朝，是大臣之言，不足为有无，而殿下必不以大臣待之也。臣将何面目，偃然朝堂乎？

方席藁私室，日俟严谴，而昨日伏见答臣及右相之批，再昨之教，非谓卿等，臣未知圣意之所在，而既非臣等二人则恐指左相金瑬也。金瑬以元勋大臣，于圣上，有一体君臣之道；于李贵，有休戚与同之义，岂忍挟私怀嫌，敢欲立帜于议礼之间乎？臣知其必不然也。凡论礼之家，虽道义深契，兄弟至情，未免同异，自古然也。殿下以情外之疑，有此未安之教，臣以同列共辞之人，惊惶陨越，不知所措，况在金瑬，当作如何心也？伏愿圣明恕察而涣释焉。

今日又闻玉堂官员并有拿鞫之命，未知此何等举措，诚前所未闻之事也，臣不胜震惊忧闷之至。殿下于人君听纳之道，必讲之熟，而只为蔽于至情，逆于心则辄怒之，欲以威制也，虽越俎妄言，尚不可以言加罪，况玉堂诸儒乎？殿下平日选择儒臣，任以论思之责者，岂但为将顺圣旨而已乎？伏愿圣明平心和气，勿为一时喜怒所使，徐究事理当否，且念国家经远之图，少霁雷霆之威，亟收拿鞫之命，以解瞻聆之惑，以为贻谋之地。

老臣昏耗，终始迷惑，不能改图新见，臣亦同罪之人也。以古人语默之道言之，则决不可抗颜开喙，而臣常爱君如父，当此莫大过举，不敢以常规自处也。且臣以庸愚下流，五年匪据，无一毫裨补圣德，图济艰危，精神丧亡，筋力澌败，衰病颠仆，决无供职之望。伏乞镌削臣职名，以幸公私。

（答曰："省札具悉。李行远等拿推事，已为停寝，卿须安心勿辞。"）

待罪札

（辛未年五月。）

伏以臣伏见答副提学崔鸣吉札批，惊惶震栗，措身无地，至以视寡昧如婴儿。予不学无识，见侮于臣僚，非一非再为教，此岂臣子所敢闻者乎？臣昏耗迷惑，冒居相职之首，今日之事，皆臣之罪也，伏乞亟正臣罪，以为百僚之戒。

（答曰："省札具悉。卿其安心勿辞。"）

待罪札

伏以臣于再昨，陈札待罪，方措身无地。伏见答右相李廷龟呈辞之批："杜渐之说，似非卿言。"其时登对，只是四臣，而四臣之中，臣甚昏耗，言语谬妄。诚恐出自臣口而臣不自觉也，尤增惶怖，不知所处。伏乞明降教旨，以正臣罪，取进止。

（答曰："省札具悉。札陈之事，实非卿言，须安心勿辞。"）

与尹相[①]议追崇未安札

（辛未。）

臣等伏承议启之命，臣等虽甚无识，各有所见，杜撰以启，只为奉行之计则诚亦非难。而但念今此讲定，无前大礼，与常时收议，事理不同，决非一二人意见率尔议之也。

即者时任则右相李廷龟在告，原任则升平府院君金瑬未出仕，而只使臣等二人议启，朝廷事体，恐不当如此也。况臣等于此事，与李贵、朴知诚二臣者，所见相左，愚陋之说，前后渎扰，非止一再，圣鉴想已洞烛矣。

伏愿圣明深惟典礼之重，不可草率讲定。且念公共之论，有非臣等独办，徐待相臣备位，会同礼官台阁，且召一时礼学之臣，博考熟讲，务求中正之礼，以有辞于天下后世也。臣等反覆思之，终有所未安者，又此烦冒，不胜惶恐之至。

（答曰："知道。"批二日后乃下。）

① 尹相：尹昉（1563—1640），字可晦，号稚川，谥号文翼，朝鲜文臣，曾任兵曹正郎、刑曹判书等。此札上奏时，尹昉任领中枢府事。

内局提调辞免札

（辛未。）

伏以今日，伏承内医都提调之命，臣不胜闷虑之至。当此慈殿玉候未宁之日，臣之筋力衰残，颠仆于问安尝药之际，则有不可暇言。而臣于药理，专昧向方，至于议药之时，必不能参商当否，非但在臣分义有不可堪任之忧，其所关系，亦甚重大，伏乞圣明量察而递改焉。

（答曰："省札具悉。札中所陈专昧药理云者，必是谦让之辞，宜勿控辞。"）

内局提调辞免札

（辛未。）

伏以臣衰败已甚，素患块胀宿患之外，诸疾交侵，虽力疾供仕，无一日安便。前月重得目瞳之痛，至今不能开睫辨物。近又添伤暑风，头痛齿痛，苦苦不堪，至于面部，内外浮动，服药施针，俱不见效。当此嫔宫产室调摄之时，连日不得参问安之列，极为惶闷，臣所带内医院提调，伏乞为先命递。

（答曰："省札具悉卿恳。卿其勿辞，安心调理。"传曰："遣内医看病。"）

引疾辞职札

（回启后即呈。）

伏以臣之不能胜任，非但臣自知之，人皆知之，殿下亦已洞知之。以道理言之则不能者当止，诚不可一日苟冒。而属时艰忧，不敢求退，顾省羞愧，黾勉度日，虽无才德可以裨补毫末，而只欲殚竭情悃，尽瘁筋力，是臣素志也。不幸臣身痼疾，积有年纪，自今春复作，日加月甚，经夏以后，渐至危恶，下部浮胀，遍及腰胁，内而凝块发动，有时上触，或至颠仆。原患之症，已不可堪，而近又眼痛添伤，不能开睫，眼精翳幂，如在雾中。至于公坐之中，酬应文书，不得自见，倩人而读，臣之衰耗至此，疾病至此，筋力已尽，聪明已丧，决无供仕之势。

伏乞圣慈审察臣之衷情实状，勿视为引疾辞退之比，本职及兼带内医院提调，为先命递，庶得跧伏调治，以延须臾之喘，臣不胜祈恳切迫之至。

（答曰："省札具悉。予甚虑念，卿须勿辞，调理行公。"仍传曰："遣内医看病。"）

再札

（九度呈辞后。）

伏以臣以拘马贱疾，呈札者二，呈告者九，支离渎扰，分义所不敢，而臣之情事，实有不得已者。臣病非一时感伤旬月见瘳之症，臣职非散秩闲局可以废仕而调治也。

臣甚庸拙，无所猷为，在职去职，虽不足为有无，而论其任则决不可虚带而久旷，臣诚惶闷，不能自安于枕席也。块胀渐重，遍及腰胁，食积胸烦，日就危苦，加以眼精昏蔽，不能视物。臣年七十有三，虽无疾病，筋力精神，已非可仕之日。而积伤重发，势至难医，其不能供职之状，举朝所知，而只是诚未格天耳。

伏乞圣慈勿视循例之辞，审察肝膈之言，臣本职及兼带内医院提调，为先递免，以幸公私，取进止。

（答曰："省札具悉。予甚虑念，卿虽有病，不可轻退，须勿固辞，卧阁论道。"仍传曰："遣内医看病。"）

引疾辞职札

（出仕启辞后。）

伏以臣于榻前，亲承圣教，不啻丁宁，义当竭力供仕，以死为期。

而数日以来，症势顿变，腹胀益重，郁热头痛，唇舌焦渴，气息尤甚沉微，常自垂头，不欲开眼。当此逐日会坐竭诚殚虑之时，臣独委伏私室，莫由致身，臣虽无状，亦有心肠，反复思之，岂得自安？凡官患病，旬日废仕，尚有自处之道，况臣在告，积月经时，此后差复，亦无期限。虚带职名，一向调病，臣之闷迫，有不可言，而其于国事，岂不寒心？冒昧万死，更陈情悃，伏乞天地父母，曲加怜察，递免臣职，以幸国事。支离渎扰，不胜惶恐。

（答曰："省札具悉至恳。予意已尽喻之，卿须体念，勿为固辞。"）

受由辞朝日书进朱子札及李文纯[①]公疏札

（壬申五月。）

伏以臣经年痼疾，一息仅存，既无筋力供仕，理宜退死丘原，而迟回惓惓，不忍便诀，有若孺子之恋慈母也。顾省平生，行身用心之间，羞悔交积，万念消减，而只是爱君之心，根于天性，不以进退死生而有所增损，故至于圣学进修功程，愿忠之诚，耿耿于中，欲以平日所闻于师友者。临当辞陛，撰进一札，窃比古人之遗表。而积病之中，两眼失明，精神昏丧，经营数日，做不得成。

仍伏思之，人臣事君，必诚意素孚，然后所进之言，能感而易入，使臣虽穷思竭意，掇拾构就。而既非诚身而发，则徒是颊舌之空言，其于孚感之道，岂不远乎？与其臣言之轻浅，不若借重于前贤。兹于朱子集中，得甲寅行宫便殿奏札；我朝李滉集中，得戊辰封事敦圣学一款，此乃二贤臣于新君嗣服之初，劝进圣学之论也。所生之时虽有古今，而所论之道，前后一揆，求端下手之地，着力用功之方，该贯详明，更无余蕴。臣尝读而味之，敬而信之，每拟前席从容之日，欲一陈达者久矣。今敢净写一册，斋心呈进，仰备睿览，如蒙察纳，置

① 文纯：李滉的谥号，详见前文注释。

之几案，日复披玩，则是二贤者朝夕纳诲，常在殿下之左右也。以殿下不与同时之恨，崇德敬贤之诚，其倾心会意，欣动感回之效，必出寻常万万矣。区区愚悃，实在于此。

噫！三代以后，非无质美近道之君，而未闻有实用力于此学，能建极于民上，故或假或杂，而未得为醇治者，出治之本使之然也。伏愿殿下勿以总察事务为能，勿以维持一世为足，唯以圣王心法之传为己任，穷其所言之理，率其所行之道，振拔于因循苟且之中，而超诣于正大光明之域也。昔宋神宗言于程明道曰："此尧舜之事，朕何敢当?"明道愀然而对曰："陛下此言，非宗社生民之福也。"今我殿下必以尧舜所以传心者为学，必以尧舜所以治民者为政，转身担荷，终始一心则宗社幸甚，臣民幸甚！臣不胜希望祈祝之至。

（答曰："省札具悉。卿眷进至论，用沃予怀，喜玩不已，感卿忠恳。"）

闻雷震之变上札

（在土塘①，癸酉年七月。）

伏以垂死老臣，伏蒙天恩，沐浴椒水，庶望回苏。而水性寒冽，臣病气弱，不堪久浴，退调于近村先茔之下已有日矣。宿患未祛，新症添加，腰痛苦重，有同折伤，卧起须人，不能运身，趁未还朝，方切惶闷。昨日传闻雷震之变及于正殿，伏想圣心惊惧戒谨，必倍常时，臣之分义，所当即为登路，而病势至此，不能趋及于诸臣问安之后，不胜惶恐待罪。

（答曰："省札具悉，深用缺然，今孤遭此大变，栗栗危惧，莫保朝夕。而卿辞以疾病，不为来见，无乃吏判之言不虚而然耶？卿以先朝旧臣，与孤同朝，亦且年久，义当休戚是同，似不可相弃于危乱之

① 土塘：吴允谦的号，也为其居住地名称。

际也。愿卿勿为待罪，调理入来，以副至望。”时吏判崔鸣吉榻前启辞有云：“今番浴行，实是永退之计，高年宿德，中外系望之人，若仍为永退则殊是清时欠事云。”）

《楸滩集》卷三

札

引疾辞职札

（甲戌年七月。）

伏以臣近伤暑风，症势不轻，头痛寒缩，至于面部浮动，左边牙关尤甚，粥食不入口者殆五日矣。政府方物封裹，乃国家莫大之礼，而臣不能起身随参，臣诚惶恐不安之至。臣以极衰之年，积伤重发，一败至此，旬月之间，决无供仕之望，伏乞递免臣职，以便公私。

（答曰："省卿上札，心甚虑念，卿其勿辞，调理行公。"仍传曰："遣内医看病。"）

论祔庙未安札

（以祔庙事答礼曹，下严教，是日合司请还收成命。）

伏以庙位之数，礼有定制，一位升祔，一位祧迁，此乃昭穆①相承自然之序，孝子慈孙夺情之事，无容一毫人力于其间。故虽新祔旧祧之礼，无代无之，而幽明之间，两无憾焉。

今日之举，异乎古常。殿下以小宗孙行，明伦反正，入承宣祖之大统，以显亲之情，请封皇朝，以尊亲之道，别庙崇奉，情礼已尽，无以加矣。今若又为入庙之举，则成宗大王圣祖之庙，遽见祧迁，非但殿下追远之诚有所未尽，元宗大王在天之灵，亦恐不安于冥冥之中也。

臣于辛未春间经席下问之时，以祧迁重难之意，反覆论启，愚臣迷惑之见，终始如此。且当初崔鸣吉别庙之议，臣意亦以为然，而只以一国二庙为疑，不敢轻议矣。到今思之，二庙虽嫌，不犹愈于入庙祧庙之未安乎？况殿下以尊亲之至诚，屈于持重，不敢入庙，爰立别庙之制，此诚殿下盛德大孝，天下后世，其谁曰不可？

伏愿圣明深惟继序常变之异，亦思宗统压屈之义，还寝入庙之举，仍存别庙之制，则殿下显亲之情，尊祖之诚，庶乎两全而无憾也。臣于病中，伏闻下该曹政院之批，臣不觉瞿然伤情也。殿下欲必行己志，先为严峻之教，威制一时，使举国臣民，不敢开口于其间，此岂圣人和平公大好问用中之道乎？殿下常时，虽军国循例之事，必询诸大臣，况此何等大事，而乃欲独断行之乎？窃恐殿下未之深思也。臣虽在垂死之中，而一息未绝，职名犹在，何敢闻殿下莫大过举，而含默就尽，以负殿下哉？臣不胜惶恐祈恳之至。

（答曰：“省卿上札，具悉卿意。”）

---

① 昭穆：宗法制度中规定的宗庙神位次序。

再札

（甲戌八月。）

伏以臣耄，妄意入庙祧庙之可不可，实系圣孝之尽与不尽，此是国家莫大典礼，窃恐圣上之有过举，故病昏之中，敢陈一札。

俄闻台官黜窜，近臣囚系，大臣递免，臣自知负犯，恭俟罪谴。而蒙荷圣度包荒，至今保存职名，尚忝大臣之后，国家有事，理宜参论。近闻乾刚上亢，下情未孚，摧沮震慑，景象愁惨。臣愚过虑，不胜忧闷，思欲力疾出肃，仍诣席前，悉陈所怀，明承圣诲，庶不至终于迷惑，而病势缠痼，痊复无期，敢于席藁之中，更申前恳。

臣尝闻宋朝禧祖[①]祧迁一事，论议纷纭，久而靡定。自太祖追崇四祖之后，至治平年间，议迁禧祖以太祖正东向之位矣，神宗复奉禧祖东向，以太祖列于昭穆。其时司马光、韩维力论其不可，独王安石以为可，程伊川亦以安石为是。厥后百有余年，屡祧屡复，名贤硕辅，各执所见。至宁宗朝，又议祧禧祖，而朱子极言其不可祧，札奏议状，前后缕缕，反覆详辨。其时丞相赵汝愚，不用朱子之论，竟祧禧祖，以太祖复正东向，人之见处各异，论议不一，自昔如此。今日之论，其不得合而为一者，无足怪也。

臣窃仰殿下以伦序为重，廷臣之论，以宗统为重。伦序乃高、曾、祖、祢顺序之常道也，宗统乃帝王家入承继统之变礼也。元宗大王虽有诞圣肇基之盛德，而实与践位临御之主不同，故其言论如此，此乃见识所致，非有私意于其间也。太庙礼重，恐殿下率意行之，以致过举，故明知得罪圣明，而冒犯雷威。相率而争论，谓之爱君则可，慢上不敬，必非其心也。至如怀嫌排斥沽名附势之教，皆不近情。

噫！禧祖祧迁之论，太祖降列昭穆之议，前史所记，皆未闻有被罪之臣。而独于今日，重谴相继，此岂清朝之美事乎？臣是井中之人，

---

① 禧祖：宋太祖赵匡胤封高祖朓为禧祖。

此言之出于臣口，实涉救护同罪之嫌，而臣只为圣心情胜之发，既不能不失其正，一累圣德，悔将无及。老臣区区肝膈，此外无他。

伏愿殿下平心和气，观理而恕情焉。臣之愚见，亦以宗统为重，故自前不能将顺圣意者，良以此也。追崇礼成，封典既降，别庙尊奉，情礼已尽，一国臣民，咸仰尊显之至诚，不料入庙之举又加一节也。入庙则祧庙矣，殿下以罔极之情，致力周旋，终欲至于跻附，而虽圣祖祧迁，有不暇恤，此与昭穆相承自然顺序之礼，情理自别。臣于此处，反复致思，终始不安于心，故冒死陈达，不能已已，伏愿殿下精察而审处焉。

且臣尝读朱子祧庙札中引孔子论文武周公之孝曰："践其位，行其礼，奏其乐，爱其所亲，敬其所尊。"今天子既践太祖之位，行太祖之礼，奏太祖之乐，当爱其所亲，敬其所尊，乃为至孝也。臣亦以为今我殿下既践宣祖之位，行宣祖之礼，奏宣祖之乐，当爱其所亲，敬其所尊，为至孝也。朱子又曰："尊太祖而东向者，天下臣子今日之愿也；奉禧祖而东向者，太祖皇帝当日之心也。"臣亦曰："殿下今日之情，虽出于至诚，而四代列祖在天之心，亦不可不念也。"更愿殿下先意承志，屈恩伸义，使无嫌于太庙，有辞于一国则圣上之孝，于是乎益光大矣。殿下若以臣言为怪妄，则宗庙之礼，事体甚重，当受无知妄论之罪，万一宽假，容有可议则臣虽死，目将瞑矣。臣不胜兢惶祈恳之至。

（答曰："省札具悉。今兹入庙，受皇上之恩封，祔太庙之阙室，实非中朝自崇自祔之比，又无前代难便难处之事也。且祧迁一事，亦无可议，何以言之？若或四室，以间数言之则四间既满，成庙当迁矣。以高、曾、祖、祢言之则成宗大王之今日必迁，予实未知其可也。如非不迁之位[①]则仍在宗庙，抑何礼耶？卿勿为浮议所动，从容省察。"）

---

① 不迁之位：又称不迁位，指古代对国家有重大贡献或者声望很高的人，其牌位永受供奉。不迁位是家族荣誉和权威的象征。

三札

伏以前日伏承答臣札之批，祧迁一事，亦无可议，何以言之？若或四室，以间数言之，则四间既满，成庙当迁为教。臣愚迷惑，虽未能明晓圣意之所在，而臣之妄料，自中宗庙至宣祖庙，以间数言之，则虽满四间之数。而我朝见行庙制，仁宗、明宗共为一世，则室虽四室，而世实三世，必一位新祔，然后方准四室之数，而上之五位当祧矣，臣之不安于祧迁者此也。圣批又以为以高、曾、祖、祢言之则成宗大王之今日必迁，予实未知其可也。如非不迁之位则仍在宗庙，抑何礼耶？伏想圣意得非以成宗大王定为不迁之位，而中宗为高祖庙，仁宗、明宗为曾祖庙，宣祖祖庙，元宗祢庙乎？祢庙之论，臣常以宗统为重，当从变礼为是，故前此屡陈愚见，未蒙察纳，今不敢更渎，而至于成庙不迁之议，亦有说焉。

臣今大病昏耄，数三年前事，虽未能详细记忆。而顷年以二高祖之议下政府。回启之时，臣忝居首相，以为我朝庙制，成庙虽在四代之中。而天显属亲，当为五代祖，祝辞依世室列圣例厘正之意，陈启施行。且成庙世室之议，诸大臣所献，虽未知之，而臣以为成庙致治太平，深仁厚泽，没世不忘，世室之议，诚无异论。但臣尝闻朱子论无所为有所为之分，辨析甚严，若使四代未遑之礼，适举于今日，则将未免有所为而为之之嫌，其于尊祖之至诚，恐有所未尽也。莫大之礼，不敢轻议为献，而厥后臣加土恩暇，病滞村中，久未还朝，未知其时该曹禀定如何也。

臣老病孤陋，无所闻见，只知祝辞改正，而实未知定为不迁之位也。此是国家莫大典礼，礼官所当以其时禀夺公事，明白停当，国人皆得晓知可也。臣不敢自以己见为是，而既承下教，臣之前后愚见，不得不达。圣批中又以卿勿为浮议所动，从容省察为教，温喻丁宁，有如提耳而面命，臣奉读三复，不胜感激。臣虽甚无知，亦有心肠，八十耋老之年，何忍随人口舌？敢为不诚之言，以告君父乎？臣之所见虽误，自是臣误见，非人所为也，支离渎扰，不胜惶恐之至。

（答曰："省札具悉。顷日批答，文辞短拙，故卿未解见。愿卿从速出仕，面陈所怀，兼听予言。"）

呈辞时辞职札

（二十六度后甲戌十一月。）

以臣年纪已穷，疾病至此，虽欲作气自力，有非人事所可为也。但前后辞告，窃计四十有六，虚带职名，偃卧私室，亦涉半年，逋慢渎扰，有骇听闻，人臣分义，决不可如是也。诚意浅薄，既不能感回天意，沉绵委顿，又不得指日供仕，忧惶闷郁，不知所处。唯愿圣明勿拘常规，亟命镌免臣职，且正臣违君命负国恩之罪，以为人臣之戒。

（答曰："省札具悉。卿其勿辞，安心调理。"）

再札

（三十度后甲戌十一月。）

伏以臣之呈告，支离渎扰，臣虽无状，岂不知分义之所不安也？欲为力疾出仕则沉伤积久，气力委顿，决无供职之势，若不陈情乞解，则半年私室，虚带职名，亦无是理，反覆思惟，不知所处。伏乞圣明更加怜察，特许递免，使朝夕老臣，得以安心安分而死，臣不胜惶恐闷郁之至。

（答曰："省札具悉卿恳。卿病今虽如此，春和则必有勿药之喜，宜勿固辞。"）

三札

（甲戌十二月。）

伏以臣自承春和勿药之教，臣心尤极惶惧，不敢更呈病告，闷默缩伏。又复经旬，臣之自处无据，固不足言，而虚带职名，引月经时，其于国家，岂有如此体面乎？

臣本庸拙下士，遭遇圣明，最蒙宠擢，出入经幄，曾无片言补益圣学，随参廊庙，亦无事赞成谟猷，有孤恩负国之罪，无丝发可纪之劳。天鉴明哲，群臣合用与否，想已洞烛，无复余蕴矣。如臣已试不效废疾将死之人，有何顾惜，而尚靳一递乎？

窃恐伤圣上之明哲，重微臣之罪戾也，臣揆之分义，终不敢安于病席，思欲力疾出肃，累日周旋。而偏虚不仁之症，近来尤甚，痰盛窒塞，往往危剧，不生不死，不进不退，臣情臣势，实为狼狈。伏乞圣慈曲加怜察，快赐递免。臣不胜祈恳，冒死更渎。

（答曰："省札具悉卿恳。卿须勿辞，调理行公，以副予望。"）

因俞伯曾①疏斥辞职札

伏以臣伏闻吏曹参议俞伯曾之疏，条陈大臣昏庸之状，讥侮之言，极其狼藉，臣不觉瞿然惭赧，即欲自处以谢人言。而时未见疏，未知措语如何，未免有所迟待矣。原疏至今未下，而偃然带职，亦甚不安，不得不冒昧陈情。

臣以无似，久忝匪据，无丝毫补益国事。而贪恋宠禄，尚不知退，伯曾之讥侮，是乃臣之自取，实非过情之论也。臣之尸居不职之罪，万死难逭，而今既明言直斥，实状昭著，圣明举直措枉之政，一日为急。伏乞屏黜愚庸，改卜贤德，以济艰危，以幸国事。

（答曰："省札具悉。卿等皆非近日所卜，俞伯曾亦非从他国今始来仕者，而其所云云。发于今日，此无乃顷日加荐为祟，而遭此厌之之言耶？其忿懥不正之疏，不必介怀，须安心勿辞。"）

① 俞伯曾（1587—1646）：字子先，号翠轩，谥号忠景，朝鲜文臣，曾任兵曹佐郎、庆尚道观察使、吏曹参判、大司宪等。

再札

（四月初二日。）

伏以臣痼疾在身，不得运动出户，昏仆废仕，方切惶惧，伏闻罗万甲[①]以臣之故，特罢其职，臣不胜瞿然之至。万甲原疏，臣未得见，虽未知措语之如何，而见其大概，题目甚好，恐非可罪之言也。

万甲之于臣，虽年辈邈绝，而渠自少时，往来参寻，最为亲厚，故其为人长短，臣所熟谙。常以气胜多言为病，而亦许其不计利害，慷慨言事为所长也。顷者两陵莎土崩颓之后，人皆以天变为疑，道路传播，众口一谈，枉听之人，非独万甲一人而已。不过万甲初闻惊惨之言，而为愤慨所使，不暇徐究而审察也，非有所慊于臣者。前日俞伯曾之疏，直斥君相之失，无所顾忌，其言虽或过激，其心则出于忧国，盖亦人所难能也。圣明非但不为容受，出之补外，竟不得安于朝，今又万甲之言，既被峻斥，继蒙重谴，瞻聆骇叹，气象摧沮，殊非圣朝之美事也。

臣闻古之帝王，设诽谤之木，悬谏诤之鼓，以来天下之言，诚以言路之开闭，关国家之兴丧也。今此二臣之去国，实系言路之开闭，自此朝廷无复有言事之人，而国家元气，潜消暗损于不言之中，岂非可惧之甚乎？臣以无状，待罪相职，既不能上补君德，下济时艰，使言者忧伤愤郁，继陈疏章，又不能扶持保护，以广忠益之道，老臣之罪，至此而尤无所逃矣。伏愿圣明深思远虑，不以一时所言之逆顺为好恶，只察本心之公私为取舍，还收罗万甲罢职之命，以开他日进言之路，不胜幸甚。

（答曰："省札具悉卿意。札陈之事，此人所犯甚重，实非罢职之罪，而特为言路，略施薄罚矣。"）

---

① 罗万甲（1592—1642）：字梦赉，号鸥浦，朝鲜文臣，曾任兵曹正郎、持平等。

因台阁避嫌，请再审山陵札

（乙亥四月。）

伏以两陵奉审之后，人之疑惑，愈往愈甚，至于台阁之臣，相继引嫌，此诚臣老病昏谬，言不见信之致也。山陵莫重之事，不可一向置之于疑信之间，况再次奉审，固无害于必诚必谨之义，请更为奉审，以尽明慎之道。

（答曰："省札具悉。一注书之言，重于泰山，诸宰相之见，轻于鸿毛，朝廷之不尊，人心之不淑，皆可知也。今此颓亏之灾，归之于天变，然后可以快万甲之心乎？万甲之徒若或不少，则侵卿之言，必纷纭不已，良可痛心也。再审之举，前所未有，决不可行也。"）

因严批辞职札

（乙亥五月初三日。）

伏以臣昏耗妄作，待罪郊外，屡降承宣，一向敦迫，臣诚惶恐，不知所措。谨具小疏，略陈臣心羞愧不安决难叨冒之势，披露肝膈，冀回天听。伏承答臣之批，以凶悖之徒动挠之说，不足介怀为教，奉读未了，不觉瞿然失心，此岂为人臣子者所可忍闻乎？

圣人之心，和平宽恕，待人不为已甚。况君之于臣，犹父子也，有不善则教戒之，有罪过则责罚之，要使改图自新，同归于善，乐育于圣化之中，殿下何心，以此凶悖二字，遽加臣子之身乎？王言一出，远迩传播，惜乎其驷不及也。臣窃观殿下近来辞令之间，率多过中失当之教，臣每读之，不胜深忧过虑也。此良由圣学常时不致力于心上工夫，本源之地，未免有所失正，应事而发，便为喜怒所动，气专用事，理为所夺，言语之间，迫切如此，其流之弊，将有不可胜言者，岂非大可惧哉？臣于顷日榻前，亦以此说，缕缕陈达，伏未知圣聪其记之乎？程子曰："凡为人言者，理胜则事明，气忿则招拂，盖气平而理胜，则人易晓而听亦顺故也。"

伏愿圣明更加留意，庸言必慎焉。臣以无状，久忝经幄，无丝毫补益圣学，终乃缘臣陈乞之疏，致有此无前未安之教，老臣之罪，至此而尤大矣。臣不胜忧惧之至，冒死敢渎。

（答曰："省札具悉。札陈之事，卿言是矣，予实过也。"）

牛①、栗②两先生辨诬札

（乙亥五月十七日。）

伏以臣蛰伏郊外，病势渐重，与死为邻，无所问闻。前日于邸报③中，伏见答馆儒宋时莹④之批曰："疵累有谤。"又答蔡振后⑤之批曰："殊极僭猥。"臣不胜惊叹。

尝窃以为殿下于李珥、成浑学问道德之盛，先王际会眷遇之隆，末年遭谮被诬之由，或因筵臣前席之陈启，或因记实状德之文字，或因论辨著述之书，必已深察而明辨之矣。不意今者，有此未安之教，有若全无敬慕尊信之心者焉，臣实未知圣意之所在也。

君心，万化之本源；儒贤，国家之元气。殿下于好善恶恶之分，不能诚知而实见如此，则非但本源之忧有不可胜言，元气之受伤，国家之不幸，为如何也？臣最后得见蔡振后等诋诬两贤臣之疏，誊书李珥返道之后悔悟自列之章，成浑被诬之日论罪之旨，以为证案。其构捏眩乱之状，极其狼藉，人心之不淑，士习之乖悖，良可痛心。

臣成浑门人也，详知成浑心事者，只有老臣在耳，请陈成浑被诬曲折。当癸未年间，宣祖信任李珥，鱼水之契，千载一时，大为群小

---

① 牛：即牛溪成浑，详见前文注释。

② 栗：即李珥（1536—1584），字叔献，号栗谷、石潭、愚斋，世称栗谷先生，朝鲜文臣、学者，曾任户曹佐郎、吏曹佐郎等。1568年以千秋使书状官出使明朝，著有《栗谷全书》等诸多著作。

③ 邸报：朝鲜时代承政院每天颁布的处理事物的公文。

④ 宋时莹（1592—1638）：字幼辉，朝鲜文臣。在郑仁弘弹劾李珥和成浑之时组织儒生辩护。

⑤ 蔡振后（1602—1654）：朝鲜文臣，曾任唐津监司等。

所忌疾，将构成不测之罪。其时成浑适被征至京，上章论救李珥忠贤，攻斥时人心术，圣批优答，以为贤者之有益于国家如此，此是党论指目之权舆也。至辛卯年，士祸大起，一边之人，尽被流窜，其时李珥已死，独成浑在世，其所深嫉而欲罪者，庸有极乎？然身居山野之人，本无干与于世论，虽免岭海之行，而目为奸党，律罪甚重。及壬辰之乱，贼兵渐逼都城，自念在野之臣，得罪朝廷，方在议律之中，虽国家有乱，不待召命，经进阙下，于义有所未安，故瞻望缩踖，欲进而不敢，其情其势，至今思之，诚可憾矣。且其时道路汹汹，传言大驾已决西幸之议，成浑闻之曰："若大驾果为西幸，当出拜路次，以俟进退之命。"及大驾到临津之日，成浑家距津渡二十里外山谷之中，漠然不得闻知。成浑妻兄司评申拭随驾到津头，不得渡，仍向成浑家，成浑始得知之，相持恸哭，欲为追及则津渡阻绝，乱兵塞路，计没奈何。数日之间，人皆避乱，乡里皆空，遂扶曳跋涉于山峡之间，本以癃病之人，忧伤痛切，转成沉痼，几不能起身。适光海来住伊川，下书召之，遂舆疾而行。及到朔宁，光海又下书，令主近地义兵，遂与李廷馨[1]、金渍[2]等召集义兵，然则不得赴分朝者，乃有募兵之令也。

言者乃谓："宸召勤恳，而终不来赴者。"不亦诬乎？光海到成川，又有召命，始入成川，不敢久留，请于光海，仍入大朝，盖其心以为既先至分朝[3]，又不得奔问大朝起居，于义未安，故有此仍入大朝之计。言者又谓："龙冈近贼，径向义州。"不亦诬乎？此皆其时台谏之论，而年少后生，不知其时事迹，只据台论传旨，妄为诬诋，至于如此，岂不痛哉？成浑之家，僻在山中，人所共知，以秉心公平者言之，则不得迎驾于路次，不过曰事势之然者，而乃曰乘舆咫尺，过其庐而

---

① 李廷馨（1549—1607）：字德薰，号知退堂、东阁，朝鲜文臣，曾任刑曹正郎、京畿道观察使等。在壬辰倭乱时扈从国王，1602 年以进贺使出使明朝。

② 金渍（1540—?）：朝鲜文臣，壬辰倭乱时与兄弟金涀、金濡举兵抗倭。

③ 分朝：朝鲜世子临时所在之处。

不出，至于目之以遗君。

呜呼！天下安有闻君父播越过庐，而安坐不出者乎？求之情理，万万不近。论者又以为党奸，此所谓奸者，乃指郑澈也。澈自少孝悌清介，为侪流所推许，成浑与之同里相善，情意甚厚。郑澈于晚节，虽有酒色之失，而亦非大故，故保全交道。己丑之变，郑澈遽膺治狱之任，不能镇定浮议，大狱推鞫之际，亦安得不失人心乎？其时狱事，专归罪于郑澈，而然狱事之初，郑澈与成浑书，专以救士大夫之祸为言，郑澈之与李泼①，已成仇隙，国人所知。而当初鞫问之日，力为救解，定配北道，又因贼招，拿还而死。郑彦信②赐死命下之日，郑澈力为陈清，至于再启而减死。论者又以崔永庆③之死，为郑澈之罪，而成浑常称永庆清修孝友，故郑澈引对之日，以永庆孝友陈达，且于推问之时，亦为之救解。郑澈与永庆，素昧平生，而累次伸救者，皆由成浑移书于郑澈，明永庆本心之无可疑故也。由是言之，成浑之于郑澈，无可绝之道矣。以此谓之党奸，此不知情实之言也。匡章皆称不孝，而孟子礼貌之，若不见其可绝之实，而徒以人言遽绝者，非君子待故旧之道也。

噫！以先王之明圣，眷遇之隆重，不得保全终始者，初因李弘老之巧谮，继有郑仁弘之邪毒，今此振后等所誊出圣旨，实是慈母之投杼，成于三至之后也。至于李珥，则道学醇正，造诣精深，高明超迈，洞见大源，其自任之重，以挽回世道，拯济斯民为己责，真可谓得朱子之正脉，而我朝李滉后一人也。振后等乃以染迹禅门，为其疵病，其言之无识，诚不满一笑，而亦不足多辨也。禅学清静而近理，故气质清高之士，求道之初，例多此患，虽以张朱之大贤，亦所未免也。

---

① 李泼（1544—1589）：字景涵，号东岩、北山，朝鲜文臣，曾任吏曹正郎、大司谏等。

② 郑彦信（1527—1591）：字立夫，号懒庵，朝鲜文臣，官至右议政。

③ 崔永庆（1529—1590）：字孝元，号守愚堂，朝鲜学者。数次被任命，但未出仕，后因郑汝立谋反事件入狱，被属于西人的政敌郑澈拷问致死。

且成浑之学，得于家庭，盖其父守琛[①]，出于赵光祖[②]之门，高风懿德，为一世所推重，隐居坡山，累征不起，学者称为听松先生，渊源之学，有自来矣。方严笃厚，庄重安和，语默动止，一遵圣训，讲明践履，交致其功，于操存本源，尤用力焉，治家仪法，丧祭节文，悉从小学家礼，而以孝悌诚敬为本焉。与李珥定为道义之交，尝论四端七情理气之说，往复累千言，多有儒先所未发者，李珥常称操履敦确，吾所不及。

噫！师道久绝，学术失传．世之为儒者，只以句读词章为业，儒先道学之高下，造诣之浅深，知之者盖鲜矣，无怪乎振后辈恣为侮辱而无忌惮也，此在浮妄小子自绝于贤者为可哀。其于李珥、成浑之道德，庸何伤乎？唯愿圣明深信笃好，勿为异论所动，使诐淫邪遁之辞，无所逃于日月之明，则儒道自尊，士习自正，斯文幸甚，国家幸甚。

（答曰："省札具悉。此两人长短，予知之久矣，非动于异论而不许也。"）

启辞

辨郑仁弘诬毁晦斋、退溪两先生启辞

臣等伏见右赞成郑仁弘札子，以先正臣[③]李滉尝论其师故征士[④]曹

① 守琛：即成浑之父成守琛（1493—1564），字仲玉，号听松，朝鲜学者、书法家。

② 赵光祖（1482—1519）：字孝直，号静庵，谥号文正，朝鲜文臣、学者，曾任副提学、大司宪等。为朝鲜时代士林派的领袖，在性理学方面造诣深厚，弟子众多，与金宏弼、郑汝昌、李彦迪被誉为"东方四贤"。有《静庵集》等存世。

③ 先正臣：文庙配享的儒贤。

④ 征士：受到国王召见的儒士。

植有病痛处及故征士成运[1]只称清隐，皆不许以中道。因此生怒，至以诬毁等语加之，掊摭诋排，无所不至，并及于先正臣李彦迪，其视之若仇敌然。

噫！仁弘欲推尊其所师所尊以显于世，而不觉其忿懥所使，言悖而出，反为其所师所尊之羞也。臣等尝闻李滉与曹植，虽未当往来相从，而许其素节，取其高处，则殊不浅浅也。故其书札中有曰："吾与之神交久矣。"又曰："素所慕用之深。"又曰："当今南州高士，独数此一人。"论成运亦曰："清隐之致，令人起敬，惜时人不甚知其高耳。"此非但李滉之言为然，曹植亦遗李滉书曰："平生景仰，有同星斗于天。"然则曹植之于李滉，诚心倾慕者至于如此，而仁弘乃谓之诬毁，至以李觏、郑叔友之毁孟子，杨雄之论颜子比之，不亦甚乎？所谓"老庄为崇，难要以中道"云者，此不过论其偏处病处耳，非指曹植不仕而言也。

自古大贤，虽以夷，惠之近于圣，犹未免隘与不恭之病，盖中之至德，非圣人莫之能也。先儒称伯夷微似老子，又云："濂溪拙赋似黄老[2]。"此只言其一段相近处，亦可谓之诬毁伯夷与濂溪者乎？仁弘如以李滉与其师，或有不相喻处，而为此不足之语云，则容或有之，乃于本情之外，自做许多辞说，其札中所谓"见识之未透，私意之蔽惑者"，正自道也。

至于升享之典，乃一国公共之论也，儒先践履造诣之实，臣等俱以末学，虽不敢容易论辨，而其流风遗韵，至今在人耳目，俗尚大变，士趋一定，明理卫道之功，见称为东方朱子者，诚不愧也。上自朝廷

---

① 成运（1497—1579）：字健叔，号大谷，朝鲜学者。1531 年在司马试中合格，1545 年因其兄被士祸牵连，归隐俗离山。曾数次被朝廷召回，但均未出仕，一心钻研学问，与徐敬德、曹植等名贤交往深厚。

② 黄老：黄帝与老子。

缙绅，下及草野韦布，咸以为其德可崇，其功可报，从祀之请，四十余年矣。值我圣上，快从公议，亟行祀典，兹实旷世之盛举，斯文之大幸。而仁弘乃敢以一己之偏私，倡言非之，至于上渎天听，臣等尤不胜惊骇焉。大概观其所言，决非和心平气之发，而有若闾阎斗讼之人，乘怒肆奋，故据他事之为，君子之争，恐不如此也。生于其心，害于其政，偏诐之说，岂非可恶之甚乎？

臣等即欲一言以辨，而窃念殿下圣学高明，想能洞察而明辨之，益尽尊尚之道，以示好恶之正。而封札之入，已经旬日，明旨之降，尚未快睹，士林痛心，舆情怀郁。臣等忝在近密，不敢终默，敢此陈启。时馆儒等抗疏，攻斥仁弘，仍削仁弘名于青衿录①，光海大怒，屡下竣批。公是夜直宿政院，封还批答，至再至三，又与右副承旨金尚宪，陈此启辞，极论仁弘诬贤之罪，其时士林之得免大祸，实赖公焉。

备局②因李命俊上疏回启，重遭严旨后启辞

（庚午。）

臣等处心无状，不得见信于君父，严旨之下，出于情外，愿忠之诚，无以自白。臣等理宜杜门屏伏，恭俟罪谴，而前头续有方物检封拜表查对之举，臣等所不可不参。虽强颜班行，闷默度日，而震恐缩踖，若无所容，日者伏见延平府院君李贵札答之旨，尤不胜惊悚之至。

李命俊之疏，严宫禁一款，是第一义，臣等特举回启，另为措语，深冀感动圣听，以杜将来之渐。此外条件，或是该司举行之事，未暇逐一回启者，只是臣等昏谬之失，夫岂有他心乎？至以欲害无辜，致疑于臣等，臣等更将何面，以自解于殿下之前乎？臣等之事殿下凡几年乎？殿下平日，果以臣等为戕害无辜之人乎？曲径媒进，若有如此

---

① 青衿录：成均馆、乡校或书院的名册。

② 备局：即备边司。

之人，则原其情状，实合此罪云者，此乃深恶而痛疾之辞也。既不知谁为媒进，而发于泛然之言，则其间有何私怒，而必有欲害之心乎？伏乞圣明虚心平气，徐究臣等本心所从来也。且圣批中有凶人煽动，落于凶人术中之教，臣等庸暗，反覆思惟，实未知圣意之所指也。倘蒙殿下将如此实状，明以教臣等，使臣等晓然知罪，则虽万被诛戮，亦所甘心。

备局请推承旨启辞

启曰："臣等前日登对时，以慈殿家庙亲祭，非礼文所载，不可轻举之意，反覆陈达。而自上温谕丁宁，必欲承顺慈旨，至教以卿等须勿固执，令礼官举行为宜。臣等意谓此是下谕臣等之言，似非传教承旨，使之举行，而臣等不敢承受之事，承旨经先取禀，直为举行，揆之事体，实为未安，请当该承旨推考。"

（答曰："观启辞，其时承旨果有不察之失矣。虽然，既已启禀举行，不必推考。"）

备局与僚相辞职启辞

启曰："臣等虽甚庸愚，岂不知慈殿惨痛恳迫之至情，殿下委曲承顺之圣孝乎？但内殿私庙亲祭，系是礼式之外，臣等不敢不以所怀陈达，非敢必欲固执己见，以伤慈殿之情也。殿下既不以臣等之言为有无，因承旨误为经禀，直令该官举行，至于请推承旨之失，实非大段之事，而亦不允许。臣等俱以无似，冒居大臣之列，殿下之轻视臣等，固其宜也。顾臣等所居之职，则自祖宗朝，所尝尊重而礼貌之矣。至于臣等之身，相臣体面，亏损已尽，臣等将何颜面，偃然于庶僚之首，以重辱名器乎？伏愿殿下早退匪人，改卜贤德，以重辅相之任。臣等不胜惶恐之至，敢此冒启。"

（答曰："予实过矣，卿等勿辞。"）

礼曹贴目延平府院君[1]札子，下政府回启

启曰："臣等于此礼，与李贵、朴知诚[2]论议不同。愚陋之见，已尽于前后启辞中，圣明想已洞烛，今不敢更有他议。今因议启之命，敢以区区所见，略复陈达。李贵札中主意，以追崇入庙为正礼，而历举周家追王三王，夏禹之郊鲧，程朱之论禧祖，以为之证。而殊不知此皆创业之君所为，与继世之君，事体悬绝，乃欲强引，论今日之礼，不亦左乎？夫创业之君，名位是己之所自有，宗庙是己之所自立，则其于追尊祖考，可以得伸其至情，而无所压屈，故虽追崇位号如大王，王季可也，不追崇而庙享之如祖绀以上可也。继世之君则不然，承祖宗位，奉祖宗庙，乃以私恩尊其私亲，列于祖宗之昭穆，是为以亲亲而害尊尊，其是非得失，不待辨而明矣。故周公虽追尊三王，而周家礼制，后世嗣王，皆不得追隆其亲，此非的然之明证耶？至于昭穆之说，既有春秋之定制，四传之明文，朱子之图说，当其常则用其常礼，处其变则从其变礼，要以不失经义可也。朴知诚礼说，藤葛支蔓，以臣等浅识，多未解见，然推其大意，则盖执着《仪礼注疏》中所谓如其亲服及得立五庙等语，以为今日入庙之证。《仪礼》所云：'乃始封之君，不可援以为例也。'又曰：'公子之子孙，封于本国，以承先祖之祀，则可以立太祖庙。'夫子孙封于本国，则太祖之庙，固当自前世而已立矣，岂待今日而始立之乎？又曰：'诸侯五庙之中，公子公孙公曾孙相杂而居之，岂有帝王庙中人臣杂居之理乎？'只此一款，今人见之，已足骇叹。大夫不得附于诸侯，诸侯不得附于天子者，乃是礼经明文，而先儒释之曰：'进而附之，君臣乱矣。'不得附于诸侯天子者，

---

① 延平府院君：指李贵，详见前文注释。

② 朴知诚（1573—1635）：字仁之，号潜冶，谥号文穆，朝鲜文臣、学者，曾任司宪府持平等。在礼仪问题上与朝鲜诸多重臣意见不和，曾论述过当时科举的弊端。

所以明君臣之义也，若如知诫之论，则此等礼文，不足法乎？至于无祢庙二高祖之说，虽不干于追崇之礼，大概以士大夫家高、曾、祖、考继序之常礼言之，则此固然矣。帝王家则专以宗统为重，故所谓祢庙。遇其常，则高、曾、祖、考自有其序。遇其变，则或以弟为祢，以侄为祢，当宁之第一代，当为祢庙，非必以考位为祢庙也。殿下既上受天子之命，直承宣庙之统，宣祖当为祢庙，以继体言之则成庙虽在四代之中，论其属则当在高祖之上，而反正之初，祝辞仍其故号，未及厘正，今若改其属号，与以上列圣祝辞，同其式例，则变而不失其正矣。”

三遣承旨敦谕出仕启辞

（二十一度呈辞后。甲戌闰八月。）

启曰：“臣虽无状，粗知分义，若有一分起身可以供仕之势，则当此天下危疑国事艰虞之日，何忍顽然枕席，积月经时乎？再昨又遣承旨，惊惶震栗，不敢仍伏私室，偃然呈告，扶曳颠仆，进入阙庭，蝼蚁死生，有不暇恤。而大病之后，胀症渐重，腰胁牵痛，气息沉微，有如垂绝之人，虽欲作气自强，末由也已。臣窃惟竭力尽诚，则天下无不可为之事，而至于疾病筋力，有不可以人力为也。以臣耋老之年，病势如此，气力如此，圣明不察实状，每以循例引疾致疑，情蹙辞穷，只自闷郁，伏乞天地父母更加怜察，递臣职名，许臣退伏，使得安命随分而死也。臣常愿无死须臾，一侍席前，更聆玉音，而犬马齿病，朝不保夕，悬心结情，不胜悲感。”

（答曰：“卿今出仕，予窃喜幸，卿虽有疾病，卧阁论道，须勿更辞，过今明日后当为引见，卿与领相入来。”）

还朝后启辞

（甲戌十月十六日。）

启曰："臣年臣病，固知不堪供职，而谕批屡降，圣旨敦恳，感激悚栗，不敢一向退伏，作气竭力，扶曳入来。而宿患积久，遍身受伤，行步艰难，视物不明，精神思虑，昏谬无状，将此模样，其何以随参廊庙，接应庶务乎？目今时事虞危，救急之策，正在得相，如臣已试，不效之人，孤恩负国，罪合万死，追思惭悔，若无所容。设使臣之齿病不至于此，决不可抗颜叨冒，重误圣明知人之哲也，伏乞明审举措，以幸公私。况臣当王侯违豫之日，达伏村庐，不即奔走于问安之后，臣罪尤大，不胜惶恐待罪。"

（答曰："卿今上来，孤甚喜幸。此时艰危，非卿才德，无以弘济，须体至意，卧阁论道，且因病不即问安，势所固然，宜安心勿为待罪。"）

穆陵奉审后启辞

（乙亥三月。）

启曰："臣等进诣穆陵奉审，则大王陵上颓落处，自子地至寅地，以布帛尺量之则长十五尺，广四尺，坎窞处，深则一尺许，最浅四寸余。酉地，长四尺，广四尺，深或八寸、六寸许。戌地沙土，五尺许最为渗漏，屏石沾湿，若加小雨，似有颓落之渐。午地，下边浓湿处深三寸。寅地，浓湿处深六寸，亦将颓落。又午未卯等地，栏石屏石之间，俱有渗漏霑湿处，通计渗漏则十二尺。王后陵上沙土颓积处，自酉地至寅地，长二十三尺，广六尺。阶砌外西边岸补土处，颓落长三十三尺，广三十二尺。大概两陵颓落处，因新沙新土结根未固。猝遇大雨，水从罅隙而入，遂颓落，沙破土出之后，雨水冲注，渐至深注，势所必然。以臣等所见，分明是水患所致，别无他可疑之端。王后陵西边岸补土处则地形倾仄，虽修改之后，若逢雨水之节，则崩颓之患，难保其必无。且近代陵制，与昔时陵制不同，上头平广，下梢稍杀，而中腰则饱大，以此上头有渟蓄之患，腰下有顺流之势，驯致浸湿而浓溃。今日之变，未必不由于此也，前头修理之际，取则健元陵制，恐为得宜。臣等区区所怀，并此敢启。”

（传曰：“知道。取则先陵制度，俾无如此之患，甚当。”）

再启

启曰：“臣初闻本陵之官报该曹雷电震动之说，不能详事势，过为惊动，与右相联名陈札矣。及到陵所，奉审形势，则明是雨水所致，别无他可疑之端。臣老耄已甚，思虑错谬，措语之间，不为慎重，使圣心惊疑，群情骇愕，臣不胜惶恐待罪。且臣于昨日奉审之行，非但人马未到，痼疾在身，腰背疼痛之症，近日加重，驱驰道路，登降陵所，俱不如平人，遂致日晚辞陛，未及复命，臣尤极惶恐。”

（答曰：“知道。卿其安心，勿为惶恐待罪。”当初，与右相联名上札，大概陵上之变，实前古所未有之灾，亟令该曹博考典礼，以尽处变之道。且自上特下罪己之言，益加敬畏之心，陈贺饮福等礼，并命权停退黜，如臣等无状之大臣，以谢天谴事入启。答曰：“今此颓亏之变，实非卿等所召，宜勿控辞。”）

议

丁巳废大妣时议

（台谏以献议立异，请远窜，上答以徐当发落，故台谏发落间姑停，因此待命五年，而起废为登极使。）

今日处变，能尽其道，然后可以有辞于天下，无愧于后世矣。伏愿庙堂，求古圣人能尽处变之道者而为法，使圣孝益大，圣德益隆焉。

贡物、军政、号牌三条议

（癸亥九月。）

宣惠之举，庙谟已成，今不可疑二，便民裕国，莫过于是，断然行之，必有所益。至于所捧米布，所给物价，随岁丰凶，善为低昂则恐无所妨。

目今储竭民穷，无养兵之资，分兵农之举，决不可轻议，不如就今束伍之法，加抄精壮，减去老残，着实教练，恐为便益。

号牌之法，不可不行，然此事无人不动，事系浩大，详议熟讲，姑待来年，未为不可。

庶孽通仕路议

庶孽禁锢，古今天下所未有之法，实是偏荒隘陋之见，足以伤天地生遂之意，非圣王公大之政，许通之举，甚为合理，世之病难行者，皆以名分紊乱为言矣。嫡庶名分，是自家门户中事，朝廷只用贤收才而已，虽贵显之后，嫡庶之间，如有干犯名分之事则邦宪固严，紊乱非所虑也。

珙母[①]病重，放释与否议

（逆珙初出于贼口，被谪时珙母病重，命在朝夕，自上欲为放释，使珙得以生前相见，问于大臣。）

伏承圣教，至诚恳恻，谁不感动？珙之被谪，今已二载，国法举而公议伸矣，因兹放释，使母子得以生前相见，公义私恩，可谓两全。臣不敢别议，伏惟上裁。

---

① 珙母：宣祖王子仁城君之母静嫔闵氏（1567—1626）。闵氏在光海君时期主张供奉仁穆大妃，因此在仁祖反正后被议论处刑，未果后被流放。在其母亲病重时释放，但再次流放时被迫自杀。

忠勋府[1]屯田[2]免税议

国家岁入消缩，调度无形，决不可循常守旧，宜有变革之举，以补万一之需，此正今日之切务。儒臣之札，台谏之启，该曹据法论请，皆出于闷恤经费之至意，诚非偶然而发也。今若眷重勋府，一许其请，则踵而效之者，将不胜其纷纷，臣之妄意，不可轻易开端，伏惟上裁。忠勋府启请免税事，议下大臣。

迁陵时作路议

《礼经》既无明文，先朝又无旧典，臣愚不敏，何敢轻议？但都城，宗社所在，即远之丧，穿过城中，恐为未安，伏惟上裁。

倭供米[3]追给议

倭船出来者各有年条，一二年追给，亦有后弊，不可开端，况追责于十年之后乎？此则决不可为也。辛酉以下三年，朝廷既已定夺，启下行移，今不可更改。甲寅条则差送事知译官，据事理开谕勿许宜当，伏惟上裁。

追崇庙制议

崔鸣吉札子中所陈，参酌右今，甚合事宜。该曹回启，亦为详备，依此为之，恐无不可，伏惟上裁。

褒贬期限退定议

十二月初旬前，虽远官军籍，已尽磨勘，似无大段疏漏未及之患。

---

① 忠勋府：朝鲜时代为优待国家功臣或其后代而设立的官厅。

② 屯田：朝鲜时代各宫和官厅所属的田地。

③ 倭供米：朝鲜时代接受了对马岛岛主的请求，开釜山浦、盐浦、荠浦进行贸易。当时，朝鲜每年供给的粮食叫作倭供米。

而八道褒贬期限，一时俱退，亦甚重大依法定限封进，恐合事宜，伏惟上裁。

倭供米木追给议

渠虽发怒，实为入归，决不可以此惊恐矣。但倭性好胜，见屈则忘生，成约则必守，渠既以甲寅条，受调兴之命以来，必欲争甲寅，虽死不回者，势所必至，今若一向固执，激成愤狠，失其归向之心，亦非待夷之道。臣意：甲寅条则依愿许之，乙丙丁三年则决不可追给之意，峻截开谕，令朴大根辈，丁宁成约，令东莱府使，备将此意，送书契于调兴①。且万松院②所争公贸木③十一同④，非但其数不多，累年流来，亦有可据之规。依该曹启辞，姑为从愿，以除留馆供亿之弊，未为不可，伏惟上裁。

吴珀⑤起复⑥议

起复从戎，出于一时临急不得已之举，不可仍以为常也。吴珀上疏，理当而情切，似当依愿。况北边绝漠，民不知礼俗，倍吴珀守制终丧，以为北民矜式，亦是一道，伏惟上裁。

---

① 调兴：对马岛倭人的首领。

② 万松院：对马岛倭人的管事机构。

③ 公贸木：对公贸易的布匹。

④ 同：计量单位，五十匹为一同。

⑤ 吴珀（1515—1630）：朝鲜文臣，曾任明川都护府使，去世后被追封为海城君。

⑥ 起复：古代官吏在父母丧期间，守制未满期而应召任职。

除服议

凡缌功①之服，则必尽其月，而翌月朔朝，始除之矣。若期服②则必于祥日除之，是乃第十三月除之也。以以日易月之制言之，则今此二十九日之除，是亦第十三日除之也。该曹之启，似得五礼仪③之意矣，伏惟上裁。

功臣升资④议

祖宗朝旧规，既无一定不易之典，唯在圣明量度时宜，有所裁处也。目今官资太滥，国计甚屈，宜从节省，不宜张大。至于旧功臣堂上，亦未经实职而升资封君⑤，堂下官资穷未准职而升堂上，旧功臣嫡长，父在而升资者，实为不当，尤宜审慎，伏惟上裁。

郑明时复仇议

（庚午八月。）

诬告狂易之人，因死绝岛之中，在他人闻之，犹极痛恶，为其子者当作如何心哉？郑明时之仇杀郑簗，情理宜矣。但告官流配，私相戕杀，致死虽同，事体自别，今若义明时而挠常法，则转相仇怨，任情专杀，日后之弊，亦非细虑。臣之愚意，恐难轻释，至于法外酌处，风动孝理之举，唯在圣断，伏惟上裁。

---

① 缌功：指缌麻与小功，属于五种丧服中最轻的两种，由亲缘较疏之人穿着。

② 期服：齐衰为期一年的丧服。

③ 五礼仪：指吉礼、凶礼、军礼、宾礼、嘉礼。

④ 升资：升正三品以上官职。

⑤ 封君：朝鲜时代对功臣以“君”赐封。

迁陵时虞祭[①]服色议

（庚午。）

改葬时虞祭服色，《大明集礼》及《杜氏通典》《家礼仪节》等书，皆有服缌服行祭，祭毕释衰服着素服，其立文甚明，此为可据之礼。况《大明集礼》乃时王之制，当为今日遵行之礼。而先王朝宣，靖陵改葬时，百官及祭官，用乌纱帽、黑团领、乌角带云，窃思吉服则当用品带，而必用乌角带者，不敢遽用纯吉，恐是依仿皇朝国忌素服之例也。且靖陵改葬时，百官亦以吉服陪祭云，不知考据何礼文，有何所以然也？臣昧于礼文，不敢轻议，但以情理言之则葬事才毕，虞祭未行之前，遽用吉服，恐为未安也，伏惟上裁。

金杜旻拟律议

本不解律令，始考《大明律》，则有过失杀祖父母者杖一百，流三千里之文，且过失杀注云："过失者，耳目所不及，思虑所不到，初无害人之意，偶致杀伤者。"金杜旻虽非杀祖母之人，而充类而论之，则其死实由于杜旻，此狱用法，此律为近，他无可据。又考律文分首从条，家人共犯，止坐尊长云，罪止长兄，亦有可据，而至于诸弟，降等论罪，则非律文所载，臣等不敢轻议。杜旻之受罪，虽似过重，禁府启辞所谓原其情而薄其罪，则祖孙之伦不明云者，诚確论也。若其断罪而无正律，引律比附，应加应减者，亦是律文之所载，则本法意原人情，操纵于立法之外者，唯在上裁。

壬戌以上未收杂役荡涤[②]议

今兹荡涤之举，既以壬戌为限，则其年以上，毋论生死，并为荡

① 虞祭：安葬之后的祭祀，分初虞、再虞、三虞。

② 荡涤：免除。

涤，然后方可谓广荡之典也。大概壬戌以上，将至十年，生存之人，似无不为收捧之理，设或有之，必是流离失所，哀矜可恕之类，其数几何？该曹之欲并为专减者，意非偶然，其中若有土豪顽民，官不能制，致有积逋者，则监司当明查摘发，以重法绳之，不但督捧而已也，伏惟上裁。

庚午年作米[①]议

当初沿海贡物作米，该曹本为取利而设，一匹之木，折米十斗，勿论丰凶，一样收捧。我国元是贡重，而作米之数如此，则民之苦重难堪，势所必至。且各司下人传来世业之利，尽为该曹所占，此类亦甚称冤，是作米一举，尽失京外人心，该曹欲为变通，反覆论启者良以此也。伏见前后批答论难之辞，圣虑所及，亦皆允当，作米罢后，不能善后，则不如仍前之为安贴也。臣之愚意，作米之举，今已数十年，沿海之民，耳目已熟，各司之人，亦皆牵补度日，作未姑为仍存，只于十斗之数，较其丰凶，二年之中，量减斗数，以舒沿海倒悬之急。其缩减之数，以今年新起之税，推移充补，虽不准足，或以他条方便支用，则数年之内，国家当有量田改责之举，徐待此日，大段变通，以为久远之计，恐为得宜，伏惟上裁。

因洪振道[②]上疏议

臣于此狱，终始参鞫，而前后状启及文案中，绝不得见此某等四人之名，故顷日诸大臣与禁府诸堂上，吏曹堂上议赏之时，亦不举论。而今者已经勘定之后，因一人陈疏，续续论赏，必有后弊，不可开端

---

① 作米：代替贡物的米。

② 洪振道（1584—1649）：字子由，号听桧，谥号忠穆，朝鲜文臣，曾任判义禁府事、判中枢府事等。1645 年以谢恩兼奏请副使出使清朝。

禁府回启，甚是得体，臣不容他议，伏惟上裁。

内浦田结不均议

（辛未。）

公清左右道[①]田结不均，苦歇悬殊之状，臣亦闻之久矣。今见该曹启辞，洞察民隐，详尽料理，既救田结减缩之弊，又除民间骚屑之患。依该曹公事施行，恐无不可，伏惟上裁。

许筠复科[②]议

（辛未。）

该曹启辞中故相臣李恒福以许筠之策，即臣所拔取为启云者观之，则非筠[③]循私用情之状，似有可据。而但臣于其时得科削科之事，昧昧无所闻知，不敢轻议，伏惟上裁。

江陵真殿[④]建设议

江陵真殿之设，虽系奉先之事，而当此旱灾罔极，民将填壑之日，劳费民力，必非圣祖在天之心。儒臣陈札，允合时宜，依该曹启辞施行，未为不可。但念摹真后权安，似涉非便，恐不如姑待年稔，殿宇完役，临时摹出，即为奉移之为便顺也，伏惟上裁。

---

① 公清左右道：现韩国忠清南道和忠清北道。

② 复科：科举中被除名后恢复功名之举。

③ 筠：许筠（1569—1618），字端甫，号蛟山、惺所、白月居士，朝鲜文臣、文学家。曾任春秋馆记注官、刑曹正郎、左参赞等，1606年以远接使从事官接待明朝朱之蕃，数次出使明朝。著有《洪吉童传》等多部小说，有《惺所覆瓿稿》存世。

④ 真殿：朝鲜供奉国王真影的殿阁。

申淑女狱事[①]议

（三省[②]之后，自上有更为议启之教。辛未。）

人之亲密，莫如夫妻，其用心隐微处，人所不知，而其夫不无独知之理。淑女之事，诚为可疑，而事干不服，成狱无据，已经三省谳决，今不可更议以启后日之弊。但淑女得罪夫家，悖行已着，若以已着之罪罪之，使不孝不顺之妇有所惩畏，则其于世道，或不无所补，伏惟上裁。

成宗大王世室议

（壬申。）

既立别庙之制，则太庙昭穆，固无迁祧之礼矣。第以我朝庙制言之，则成庙虽在四代之中，而天显属称，当为五世之祖。祝辞依世室列圣例厘正之意，年前政府回启中已为陈达，伏愿圣明推诚追远，使亲亲尊祖之孝，得以两全。且成庙致治大平，深仁厚泽，没世不忘，世室之议，诚无异辞。但臣常闻朱子论无所为有所为之分，辨析甚严，若使四代未遑之礼，适举于今日，则将未免有所为而为之之嫌，其于尊祖之至诚，恐有所未尽也。臣积病昏耄，莫重之礼，固难轻议，既有所怀，不敢不达，伏惟上裁。

亲祭议

（壬申四月。）

自上亲祭行礼，以情理言之，恐无不可。而伏见该曹启辞，祖宗家法既如此，追改重难又如此，病昏之臣，不敢轻议，伏惟上裁。

---

① 申淑女狱事：1631年，申淑女被婆家李氏赶出后，挖出婆家坟墓尸骨进行诅咒，婆家几人相继染疾去世，遂被告发至官府。因此事关乎纲常等问题，其被送至朝鲜朝廷议论处置。

② 三省：朝鲜议政府、司宪府、义禁府官员共同审问关于悖伦的案件。

请改宣祖大王废朝时伪勋上尊号议

臣伏睹下都监圣批，臣不胜钦感之至，此乃昏祖时权凶辈固宠济私之奸计，非有诚心于上号也。窃恐先王在天之灵，亦必深恶而痛绝之也。臣意则今日志文，不为载录，以为他日改题位板之计也，伏惟上裁。

讲经规式不合变通议

（甲戌。）

赵翼[1]札辞，意非不美，而但临讲之规，既无定式，无可据守，此规行于学宫讲读之时则甚好，而试之于科举，则恐难久行也。末世私胜而言多，与其旋改而旋复，不若因旧之为无事也，况祖宗设立背讲之法，实非徒尚句读而全废讲问旨义也。若就背讲之中，发问旨义，反覆论难，虽短于记诵，而能通旨义者取之，善于记诵，而不通旨义者不取，则深有得于立法本意，而亦不害于造士之道矣。

李文雄杀李守白复仇议

（甲戌。）

不斩守白者，一时虑后之计也，子复父仇者，万古经常之义也，岂可以一时虑后之计，伤万古经常之义乎？臣之愚意文雄等之义烈，当屈法而宥之，以扶国家之元气可也。昔，张审素被告犯赃，御史杨汪承制，按杀审素，二子瑝、琇，坐流岭表，常忿杨汪诬杀，潜身逃归，杀汪于都中，杨汪之杀审素，承制而按狱也，瑝、琇之杀杨汪，亡命而擅杀也，论以法律，置罪宜矣。而其时张九龄欲活之，惟李林甫，裴耀卿以为坏法遂杀之，当时士民怜之，为作哀诔，敛钱葬之，

---

① 赵翼（1579—1655）：字飞卿，号浦渚，谥号文孝，朝鲜文臣，曾任右议政、左议政等，著《困知录》《中庸注解》《大学注解》《书经浅说》等进献朝鲜孝宗。

人情所在，可见于此。先儒致堂胡氏，亦以九龄之欲活为韪矣。守白为适贼斥侯，李重老、朴荣臣皆为守白所杀，则守白之杀重老，与杨汪之杀审素有异，文雄之复父仇，无瑝、琇之亡命，有不共之大义，伏惟上裁。

式年科[①]场规式议

（癸酉十一月。）

式年会试设三场，而初场讲经，中场、终场制述，通计分数多少，等第出榜，例也。二场虽无所作，一场既有分数，则从初场讲经试卷出榜，恐无不可，伏惟上裁。

为复父仇杀人者拟律议

（甲戌。）

为父复仇，天下之大义，人子之至情，得礼舍生取义，为子之道得矣。而杀人者死，国家常典，古今通行，不可一挠，有司之法，执之而已。况罗键之死，明是其时未产之人，则实为滥及无辜，亦与只复当仇者有异，但法外原情，惟在君上义断，臣不敢轻议，伏惟上裁。

以从孙为后当否议

锡亨之于桢，为四寸孙，而桢以锡亨为子，则有违于法典兄弟及孙不相为后之文矣。且两家父同命立之者，乃立后之法，而今敬仁之疏如此，则其非同命，可知也。取他子为之子，以定天伦，此何等大事。而违越国家常典，而枉费许多说话，该曹之启，臣实未晓也。

① 式年科：朝鲜时期太岁为子、午、卯、酉时举办的科举考试，四年一回。

李宗仁[①]立祠议

（甲戌。）

李宗仁之忠烈，臣亦闻之素矣，其于国家崇显之典，臣何敢有异论？但曾在先朝，晋城死节之人[②]，即为采访事迹，次第褒赠旌门，其中大将三人，立庙祀之，自余将士，皆祭于坛，当时闻见，讲定必能详尽。及今年久之后，似难轻议，况因其子之上言，举而行之，则许多忠魂义魄，各有其子，谁无为父庙享之情乎？徐当以公议处之，恐合事体。

元宗大王影帧奉安议

（乙亥二月。）

真殿建立都中，此列圣所未有之事。而江都[③]集庆殿、奉先殿，圣祖影帧，既已奉安于一殿，今此崇恩殿影帧，亦为移安于同殿，恐为宜当，伏惟上裁。

朴弥[④]等讼父冤议

（乙亥十一月。）

朴东亮之论罪，颇失其本情，人多称冤，臣亦曾闻之矣。今见禁府贴启，取考本府所藏推案，其时狱事日月先后及东亮元情实状，分辨曲折，甚为详备。朴弥等上言辞缘，实非无据，为父讼冤，情理宜当，但其罪名既重，自下不敢轻议，伏惟上裁。

---

① 李宗仁（？—1593）：字仁彦，朝鲜武将，壬辰倭乱期间英勇杀敌，最后慷慨自尽。

② 晋城死节之人：壬辰倭乱中晋州殉节的忠烈。

③ 江都：江华岛。

④ 朴弥（1592—1645）：字仲渊，号汾西，谥号文贞，朝鲜文臣，朴东亮之子。1638 年以冬至兼圣节使出使清朝，著有《汾西集》。

仁烈王后丧，主上当杖期议

（乙亥十二月。）

家礼杖期条，夫为妻杖，父母在则不杖，此是朱子定礼，今世士大夫悉遵行之。此礼既有明文可据，则先王朝誊录，虽不载录，已行之文，自上断然行之，自今作古，以为后法，甚盛事也。从古礼为重，追后行之，恐无不可，伏惟上裁。

呈文

辨诬呈文

（登极使[①]在京师时。）

谨呈。为洞察凶计，快雪流言，敷陈实情，表白精忠事。痛彼奴贼，虽极蠢动无理，亦甚凶狡多谋。不幸小邦，与之疆界相接，且彼窟穴逼处朝天道路不远之间，宿知我小邦之于天朝，君臣父子情义固结，逆天犯顺之后，凶锋所指，虽专意西向，而狼顾之忧，未尝不在于我东。投书差谍，非止一二，始焉逊辞啗诱，间或胁辱恐喝。及夫毛总兵[②]斮杀镇江以来，意毛将与小邦一体，非小邦则毛无所附，常以肆愤于毛将者，并狠于小邦，其书中之言曰："朝鲜每称天朝为父母之邦，护助何益？徒致多事。"又曰："毛文龙即送回元帅，若不见与则更有大于毛文龙者来，不与彼相较，只恼国王承当他国之事也。"前后全书，详在奏咨[③]中，以卫保毛将之故，替受凶怒者，据此可知。彼亦

① 登极使：朝鲜为贺中国皇帝继位而派遣的使臣。

② 毛总兵：即毛文龙。

③ 奏咨：朝鲜向明清两朝呈递的咨文。

知我终不可以不义屈，则乃使辽民之剃发者，流言飞语，煽动远迩。职等在本国时，已闻许多慌乱，毛将林畔之变，或谓之“引贼”，边臣侦贼之人，或谓之“通使”。情外之言，在所明辨，而自恃朝廷礼义相信，必无疑二，非但我小邦君臣民庶不足介意，在我边诸将军兵，亦不曾动其一发，相依声势，共扶艰危。

昨在馆中，奉见毕御史回咨来自天津，其中流言一款，有或谓“朝鲜已受奴封云”。窃意此段流言，播入中土，挂人齿舌也，言之罔极，乃至于此。职等开读未半，不觉肝胆欲裂，毛发尽竖。我朝鲜其果背弃君父，甘心犬羊，毁灭冠裳，披发左衽乎？天下之人，孰不闻二百年秉义服节，纯忠至诚，可以建天地质鬼神而无疑也。忍为此灭常乱伦之言，加于我东土君臣，尚不可欺以其方，况敢罔之以非道乎？想必伊贼，鼓动凶言，一以张大其势，诳惑愚汉，一以倾陷我邦，阻绝天朝，欲使获戾于父母，难容于天壤，彼奴之肉，其足食乎？古人云：“流言止于智者。”御史洞察凶谋，昭释无余，且言庙堂之上，亦无疑二，奖励慰喻之意，溢于言外，此则我小邦不幸之幸也。昔先国王当壬辰之变，兵力单弱，既不能敌，则奉宗社，匹马而西，谓国人曰：“吾当归死于吾君之侧，虽颠沛万折之际，拱北一念，矢死靡他。”其时亦尝有朝鲜向导倭贼之言，而我圣祖神宗皇帝，不复致疑，倾心轸恤，殚虑拯救，于小邦之事，无微不烛，有冤即释，虽是君臣之义，实同父子之慈，此乃前日已试之明验也。今我寡君，兵单食匮，自守不足，其势虽不能奋兵致讨以复君父之仇，而敌忾之念，不共之义，何尝一息而忘乎怀哉？人臣之义，当尽在我之诚而已，倘往倘来之言，不虞无妄之患，皆不足过虑。而第念我圣皇首出新临，万物资始，而邈焉小邦，辽路隔绝，大溟重阻，万里之明，或未遍照，而三传之说，遂至投杼则兹岂非圣朝之所慊而小邦之深痛也？伏惟老爷台位，典视属国，于小邦冤事，理宜申辨，乞将从前流言谗口无一可据之伪状，忠顺精诚终始永肩之实情，随事敷奏，有诬昭雪，使君臣上下之间，肝肺相照，情义交孚，浸润肤受之言，无所容于天日之下，此政仁人君子之至心，而抑庙堂今日之先务也。

噫！芝焚蕙叹，松茂柏悦，物以同气相求，人以同道相感。小邦之含冤缩蹙，即老爷之所深懑。而小邦之暴白忠赤，亦老爷之所大愿也。职等自闻此言，深宵绕壁，晏日忘飧，如以冠冕佩玉之身，挤落于泥涂溷厕之中，思欲奋振澡雪，不敢顷刻措躬，辄至台下，敢此疾呼，伏望老爷反己而恕察焉，为此谨具呈。

免宴呈文

谨呈。为乞免宴享常典事。小邦蒙荷皇朝盛眷，使价之来，例赐恩宴，于小邦贱价，荣华极矣。第今天下之事，渐见艰危，小邦之忧，尤系切迫，越自己未深河之役，驱一国精兵健卒，尽歼凶锋，沿江防戍，长路委输，连年绎骚，日就凋弊。加以民生不天，饥疠相仍，哀我疲顿之状，有不忍言。

辽阳失守之后，小邦无所依控，疆界逼侧，人心疑惧，有豺豕横突之急，无兵食守御之固，惴惴若不保朝夕。我寡君上念遗贼君父，久稽天讨，下被胁辱万端，无以雪愤，遑遑夙夜，苦心痛骨，寝不安席，食不甘味者，非一年矣。

况职等奉国表，启行而西，所经一路，辽民流离转徙，老弱扶携，络属道路，布满闾里。我寡君懑恻同胞，虽逐户依插，使相资活，折减军饷，计口分哺，而官无宿储，民竭瓶粟，其势将见主客俱病，胥颠沟壑，触境寓目，无非气塞而心伤，此诚何时，而敢享平日盛典乎？噫！主辱臣死，义当尝胆，道见饿莩，所食不美。伏乞老爷远烛东事，近忖微悃，特许免宴，以安贱价忡恤之情，千万幸甚。为此谨具呈。

书

上世子书

伏以道在日用平常之间，非高远而难行，恍惚而难知也？为亲则孝，为君则忠，夫妇则别，朋友则信，长幼则序，此其日用常行之大者，而饮食衣服之节，言动威仪之则，皆不可须臾离也。古之教人，教此而已；学者，学此而已，此岂高远而难行，恍惚而难知者乎？后世教学失传，只以句读词章为学。夫读书所以穷理也，而专无玩索体验之功，致知所以力行也，而又乏反身循道之实。视道为高远恍惚，不知求之于彝伦日用之常。心与口不相应，书与我无交涉，仅足为剽窃文字，揽取科第之资，毕竟为士、为大夫、为卿相者，皆其人也。风俗之不美，政治之不醇，职由于此，诚可痛叹。

帝王为学，固与闾阎士子不同，既无词章科业之累，又无饥寒衣食之忧，其于读书穷理反身循道之功，心专而志一，实易为力矣。伏闻邸下[①]日开书筵，朝夕讲读，文理通达，释义超诣，儒臣讲官，莫不赞叹，而老臣欣然期待之情，诚亦不后于人。第未知玩索体验，实有反身循道之功乎。圣贤谟训，皆是彝伦日用合做底道理，而文王之为世子事王季[②]之孝，即邸下今日之所当法也。孝为百行之源，而兄弟之友，必自此而推，孝父母之人，未有不友于兄弟者也。《书》云："孝乎惟孝，友于兄弟。"《诗》曰："妻子好合，如鼓瑟琴；兄弟既翕，和乐且湛。"孔子曰："父母其顺矣乎。虽妻子好合，必兄弟和翕，然后

① 邸下：朝鲜时代对王世子或王世孙的尊称。

② 王季：周文王之父季历。

能顺父母之心而可谓孝矣。”故孟子曰：“尧舜之道，孝悌而已。”邸下资禀粹美，庭训成性，其于孝友之道，不待勉强而自有常行之则矣。至于夫妇之间，昵比之情，私意易乘，若非强毅戒慎之君子，则鲜不颠沛于屋漏幽独之中。伏愿邸下更加克己谨独之功，交之而知有道焉，接之而知有礼焉，使宫闱之间，肃然如朝廷焉。《诗》曰：“刑于寡妻，至于兄弟，以御于家邦。”御邦之本在刑妻，刑妻之本在正己，故《易·家人》上九曰“威如吉。”孔子曰：“威如之吉，反身之谓也。”

噫！敦叙彝伦，固人道所当先务，而收心之法，乃为学第一工夫。孟子曰：“学问之道无他，求其放心而已也。”盖心者一身之主宰也，必操而存得，常主乎中，然后应事接物，不失其当矣。一有不察而放逸飞扬，身在于此而心驰于彼，则身无所主，事无所宰，虽其俯仰顾眄之间，固已不自觉其身之所在，况能慎言谨行，以修人道乎？虽其口耳文字之间，尚不得铭心而记诵，况能穷究义理，尽心知性乎？初学之病，常在此处，若不于此加功，则为学之道，顿无着落之地矣。顷年，伏闻邸下令宫官进讲夙兴夜寐箴，且令写《西铭》，悬吐①以人，足以见邸下向学之盛意也。夙兴夜寐箴，于学者工夫，最有据依，一日之内，排列时分，随其时分，次第做功，使思卢不驰，精神唤醒。读书应事，功程接续者，无过此箴。未知邸下进讲之后，果能依其时分，各用其功，接续无间断乎？至于《西铭》，有大焉，以明夫天地万物本吾一气，其分虽殊，而理则一。惟当深玩此义，然后方见人为天地之子，而人之事天，犹子事父母。民为同胞，物为吾与，而恻隐之心，同流遍普，天地之间，无一物不在所爱之中矣。凡人例为私意所梏，至于父子兄弟，显有物我，一读此铭，便觉胸次豁然公大，私意脱落，其于学者为仁之功，实有所益，而在人君莅民之道，尤宜惕念而深体之也。

---

① 悬吐：读诵汉文时，在句末添加的韩（朝）文文法总称。

臣尝观前史帝王，写《无逸》屏，《豳风·七月》屏及写箴戒之辞者，代各有之。而考其修身为治之迹，是非得失之归，则与作屏箴戒之意，判若二人。此无他，为善而不诚，好名而无实故也。噫！一时向善之心，固不足恃，而笃志力行之学，能有终始，伏愿邸下深以虚名为耻，实心向学为务焉。臣以无似，忝冒师傅，前后非一，虽学术空疏，不堪辅导之责，而职是侍讲，常切进学之愿。及至今秋更叨之后，疾病沉绵，屡经会讲日次，而一未随参，再昨又是会讲之日，而又不得进，臣之老病，诚恐一朝溘然，不得更近清光而参听讲读之余绪也。兹将平日所闻于师友及臣所怀，忘其愚拙，敢此仰陈，邸下倘不以臣言为耄而忽之，或时省览而留意，则臣虽病伏，与入侍讲席无异，区区情悃，实为幸甚，惶恐谨达。

（答曰："敬承戒书，三复感叹。余小子性鲁力微，未能克己，恐负师傅，日夜兢惧。今者嘉言明训，出于至情，虽甚不敏，敢不书绅诵读，以为自勉之地哉。"）

答平安监司韩公浚谦论城役书

（安州牧使时。丁未九月。）

日望旌节之临，此际伏承下赐手书，披玩感慰。就审到界以来，台体起居万福，尤慰下情。示喻筑城功役极浩大，初谓筑役，比曳石差易，毁城修治地台，比筑役尤易矣。到今节节难措，冻日已迫，功绪尚远，煎闷煎闷。或言因旧修补，而旧筑坚完处，绝无而仅有，所筑之石，大不满拳，若因旧修补则旋修旋颓。依是前城，此则不必过轸朝廷忧念，亦不须滥用一道民力，随便措处，只是一镇能事。

今既动许多民力，不可如是草草塞责。或言"姑停以待明春"，明春解冻，即是种牟之月，为民计之，春农尤紧，不如因此督役，万一完了，以毋再动民力为得策也。中间因备局更议处置之令，众情解体，观望徘徊。或已赴役军，尽数撤还，或为半撤还，或不为调送交代之军，旬望之间，功役坠废，虽小生日日巡城程督，而徒怨无益，痛叹奈何奈何！此时民力已竭，虽系关防之重，似难轻举，当初若为人和根本之计，不为始作则固善矣。今既始役，功力过半，若又停罢则后难收拾，前功尽弃，岂非可惜之甚乎？流闻台意亦以停役为宜，不欲重困民力，讹言附会，势不可支，病拙独当此际，形色可想，伏愿商量事势，更发新令，勉进一步如何？年前，费尽许多财物，燔成一丘腐砖。今年，又动一道民众，又做一带乱石，则此不可使闻于邻国，事大者岂无弊？顾小弊则决不成大事，更愿毋为厌役之辈所挠败，千万至望至望，不宣。

答锦溪君朴公东亮书

（壬戌。）

在青州路上，逢李重卿，承伯令之讣，惊恸之怀，以何言尽情？至今思之哽塞。兹承远问，披奉手字，宛然如拜，开慰亡量。鄙生蒙眷庇，扶将衰疾，回泊旧岸，玉河大病，累绝而苏，石城风涛，败覆还全，贱命之顽如此，迎敕渐退，尚滞郊外。人言入城难于过海，果然，入城便是出城，还寻本分，毕命田间，此外无他可商量也。早晚承面悟，今不一，伏惟台鉴。

答延平府院君李公贵书

（辛未正月。）

前日，伏见台书，意谓无状已见绝于左右，无复容于门墙，只欲保存亲戚之情，而亦不敢望。岂料下书论情，不啻缕缕，奉读再三，足见敦睦之至心，感叹无已，凡人言语过中，自古何限？未闻以逆贼比拟而直斥者。台书一则曰：“尔瞻[①]独受其罪，不亦冤乎？”一则曰：

① 尔瞻：即李尔瞻，详见前文注释。

“不共戴天。”又曰：“不可以口舌争，当举大义明伦纪。”且以在西郊时蹈海之言，逆珙放还收议之罪为结语。此非寻常相责之意，必有从前见恶之甚，故有此极论。惊悚不敢自安，呈告退伏，以俟罪谴。鄙情只如此而已，大概士夫议论之间，何必雷同？韩欧之于司马，朱晦庵之于赵丞相，所见终始不合，未闻以极罪加之也。台监则或悔之或忘之矣，见其书传其言者，岂皆如台监之心乎？今若抗颜一出，非但同席之人羞与为列，道路间厮台马卒，必皆嗤点之矣。鄙身本轻贱，固不足论，其于朝廷名器何？决不可因鄙生一人而污蔑之也。愚见如此，恕察，既以此呈告，则不可不据实，故不得已略陈呈告所以然，然岂得安于心乎？亲切之间，不幸孰甚焉，来便告忙，日暮眼暗，信笔胡书，惶悚惶悚。

祭文

王子顺和君①赐祭文

（知制教②时制进。）

王若曰：“呜呼！尔生而至于斯，既无嗣胤，亦不永年。呜呼！尔生何至于斯？尔本聪颖，天赋非啬，尔之有疾，岂尔之罪？尔尝言语动作，有失常度，予则知尔有疾使然，怛然疚怀，惟疾是忧，人之于尔，岂得如予？私恩虽笃，邦宪难挠，使尔愁居，冀尔怨艾，何知今日遽至于斯？卒令尔在世之日，不享其禄，临死之时，又无其官，追

---

① 顺和君（1580—1607）：朝鲜宣祖第六子，谥号僖敏。其性情残暴，常掠夺财物，被两司弹劾，1601 年被剥夺君号，去世后才恢复君号。

② 知制教：朝鲜时期的官名，主要为国王起草文书。

思至此，予怀何极？呜呼！有生有死，修短命也。循常而逝，虽痛奈何？惟其不然，是以深恸。讣闻之日，即令有司。立尔之后，复尔之官。幽明虽隔，情理无间。聊将一瓣，以谕予心。不昧者存，庶此来歆。”

祭牛溪先生文

呜呼！先生平日，虽有疾病，尝谓气禀精刚，完养积久，必得其寿，故诚不意遽有今日也。抑时运垂尽，吾道将坠，天不遗一老以贻斯世也耶？法门[①]何所于赖？后生何所于归？其必坏裂迷惑，莫得扶植而开发也。呜呼痛哉！

自惟无状，猥蒙引接，出入门墙，几二十年。以先生之明，非不知才质庸下，教无所施，眷眷谆谆，不以愚昧而弃绝之，或瞻德容而薰感，或承镌诲而警悟，尚克知孝悌忠信之为本，师友讲习之为乐。至于仁爱公平之道，王伯[②]义利之辨，亦尝与闻，而常致意焉。唯以志气昏怠，私欲汩没，居家独处之际，做官制事之日，实不能尊守所闻，以副吾先生相勉之意也。言念及此，惭负幽明，无以为颜。然而先生在世，犹有所严畏，故虽离席之远，索居之久，凡邪思之萌，妄行之作，未尝不却顾而惊惧，望风而惕念，自今以后，窃恐吾心之日益放倒而莫之知戒也。呜呼痛哉！

承讣以来，倏忽经月。縻于吏职，今始来哭。筑室而居，深愧古人。呜呼！坡山旧样，溪流依然。仪范莫接，謦咳莫闻。抱书谁问？抱疑谁质？独立衡门，有泪盈襟。呜呼痛哉！

---

① 法门：原指修行者入道的门径，此处指儒家。

② 王伯：王道与霸道。

祭统制使李公舜臣①文

维年月日，兼四道体察使行领中枢府事李德馨、副使同知中枢府事韩俊谦、从事官弘文馆修撰吴某等，谨以清酌脯醢之奠，来祭于故兼三道水军统制使②赠右议政李公之位。

噫！国家自壬辰之后，将臣之死于事者非一，而公之死为最哀焉。或激昂慷慨，赴敌捐生者有之；或临阵力战，至死不避者有之；或婴城苦守，城陷而没者有之；或事去力竭，知其无可奈何而自决者有之，其为国亡身而得死所，则皆可尚矣。抑公之死，又有大焉。公之在闲山也，隐然有虎豹之势，敌人不敢动。公之去闲山也，将士堕心，保障一毁而覆败随之。其去而复来也，承陷没之后，板荡之余，虽使古之良将当之，实无用武之地。而能收拾补缀，不旬月而办得数十战舰，大挫方张之寇。及露梁之战，躬冒凶锋，决死先登，解天将之围，破贼虏之胆。丸中于身，义形于色，余威所及，诸将勠力，卒成以死走生之绩。盖其去就存亡之间，关国事成败，系军情向背者，唯公一人而已，此所以公之死为最哀也。

公卒之二年，主上嘉公之忠，愍公之亡，因公视师之地，立庙而赐号，念公生平敌忾之志，不能早清疆场，赍恨而殁，虽在冥冥之中，想亦眷眷于兹矣。不佞等受命南来，开府海上，边情日耸，胜算靡定，如得公在镇，必无今日之忧，兴言及此，宁不为之重哀耶？至如德馨，与公初未识面，倭桥之役，简书密议，吐尽心肝，公感我情，我服公略，每谓平贼之后，规画舟师，其有人矣，捷音并恶耗而至，途上驻马陨泪之状，至今思之气塞。

噫！山河依旧，部曲犹在，痛击楫之未返，奈长城之已毁，思九

---

① 李舜臣（1545—1598）：字汝谐，谥号忠武，朝鲜武臣、军事家，在壬辰倭乱中取得了多次胜利。

② 三道水军统制使：统率忠清道、全罗道、庆尚道水军的官员。

原而不作，闷百身之难赎，兹将渍绵之奠，空洒满襟之泪，不亡者存，庶此来歆。

祭左参赞郑公晔文

礼曹判书吴某，谨以饼糆酒果之奠，敢告于议政府左参赞赠右议政守梦郑公之灵。

英粹之质，超诣之学。居家行谊，立朝风裁。启沃之正，际遇之隆。方期民禄，遽见天夺。悲缠远迩，恸迫公私。顾我鄙劣，久忝从游。义虽朋友，情同骨肉。知心之托，暮年弥深。经疑就释，事难求辨。虚怀乐易，悉心倾倒。入如有得，出如有恃。云胡一朝，弃我而先。使我独留，人世伥伥。呜呼！萱堂无恙，玉殿万寿。平生忠孝，君独何之？即远有期，灵輀莫挽。一杯相诀，万古长辞。呜呼哀哉！

祭领议政申公钦文

判敦宁吴某，遣子达天，敬告于领议政申公之灵筵。温良端洁之德，文翰政事之才，吾闻其言，未见其人，今世于公，得见之矣。

复相于播越之际，当事于板荡之后，晨宵殚虑，左右扶危。顾我庸愚，忝联席次，凡事之难处，议之难断，我则有公，若无虞者。倾心俯咨，有得则取，不谋而度，会议则符。方期仰成，遽见天夺，云亡之痛，士夫所同，独立号咷，谁如我恫？贱疾沉绵，一卧经时，知公之病而不得面诀，闻公之讣而不得凭殓，灵輀之发，亦不得执绋而哭，悲增瞻想，恨结幽明。

呜呼！公年少我八岁，气完而无疾，深以我病为忧，每于衙会，坐定辄问："孰谓公先我而逝耶?"无疾而先，固违于理，抱病而久，宁有此事？残生余喘，待尽朝夕，死而有知，能复几时而相随于泉下耶？谨具菲薄，代子一奠，不昧者存，庶鉴微忱。

祭判中枢府事李公廷龟文

议政府左议政吴某，谨以酒果之奠，敢告于前左议政李公之灵。公之词翰主盟坛，公之政事辉简策，公之敦睦洽门族，超迈之才，仁厚之德，有非数行哀诔所可尽述。风流雅度，爽朗眉宇，恍然常在眼中，若将有期而相逢，忽不觉其已隔幽明也。呜呼痛哉！

公病之革，适鄙生出城之后，启手之日，不得以一言面诀，袭敛之际，又不得亲执衾绞，独立江郊，瞻望号咷，竟将何及？昨日扶病还朝，今朝来哭灵筵，哭有尽而情不可穷，因将菲薄，敬奠一杯，不昧者存，庶几来歆。

祭文①

（耆老所诸宰联名，领议政吴允谦等。）

孟云三尊，箕叙五福。一犹艳慕，矧公兼笃。公才刃拔，公气岳屹。有烨其仪，有卓其识。粤自郎署，展其才籍。阅历华贯，绰有声迹。纡青拖紫，不次简擢。西门北门，民谣剪伐。或卿或孤，国依柱石。攀髯余痛，中遭否塞。在绁吟泽，伊荣匪辱。晚际昌期，首膺拔拭。红颜白发，来自南服。八座二公，任隆责切。颓纲振肃，敷奏密勿。兰焚益馨，松雪不掘。之德之器，宜福宜禄。荀龙居半，郭颔可匹。床笏庭兰，乃家长物。春秋洛社，会设真率。人传画图，天寿平格。朝有老成，尚询黄发。邦之无禄，骑箕何速。耆龄非少，视公则啬。上公非卑，论德则操。舆人之诵，太史之笔。不朽大名，昧者所式。存顺殁宁，在公何怛。允谦等敢云寿朋，忝居寅属。早接亨衢，相视莫逆。晚跻寿域，同被恩渥。九老一会，有约莫设。康健如公，孰谓先圽。为公为私，有泪横臆。冥冥有知，庶歆斯酌。呜呼哀哉！尚飨。

---

① 辑自朝鲜文臣徐渻（1558—1631）的文集《药峰遗稿》卷四附录。

策

用兵御敌策

臣对。臣尝妄谓："天下无不可为之时，惟患志不笃诚不至而已。"志苟笃焉，诚苟至焉，则天下之事，蔑不济矣。恭惟主上殿下承极艰之位，当极否之运，思齐仇之必复，闷滕弱之难振，不惟尝胆而自励，将欲屈策而求助，既咨廊庙，爰及韦布。以至痛至恳之意，询至急至切之务，其忧愤恻怛之意，溢于辞气之表。臣非木石，宁不知感？奉读再三，声泪俱发。

圣策曰："自古用兵，止能致此欤?"臣奉读再三，有以见殿下览前古成败之有异，而为今日监戒之盛心也。臣闻《兵志》曰："战守无常法，胜负无常算。"夫彼寡我众则众可足恃，而众不必成，寡不必败；彼强我弱则弱似难支，而强不必胜，弱不必负。是故古之善战善守者，不患众寡之不敌，而惟患吾志之不笃；不患强弱之相悬，而惟患吾诚之不至。苟能吾志已笃，吾诚已至，则可以策励疲残，振激衰颓，以战则胜，以守则固，其于御敌乎，何有？若稽往牒，弹丸七里之城，惴惴不保朝夕，而田单鼓气，则亡城七十，不日而复，乌合数千之卒，无异泰山一卵。而光武奋臂，则昆阳百万，一败涂地。诸葛亮仗义扶汉，其师壮矣，陈仓有备，则不克而退。唐太宗威振百蛮，其武雄矣，安市固守，则不利而去。

噫！强无常胜，弱无常败，而况其有备则无患，守固则难动，兹乃理势之必至乎？投鞭断流之师，自覆于淝水；精忠沮背之兵，乘胜于偃城。千百就尽之卒，蔽遮江淮；六载襄阳之守，一朝而失。噫！张巡、岳飞之忠烈，千载凛凛；苻坚、文焕之覆败，不满一笑，则其得其失，不足辨矣。惟我东方越在前朝，契丹南牧，则姜邯赞[①]攘而却之；红巾豕突，则郑世云[②]廓而清之。守龟城而敌将兴叹者，朴犀[③]也；守竹州而遗民全活者，宋文胄[④]也。其敌忾之诚，死守之志，足以摧强敌而树奇勋，则夫岂待兵食之足，而后有以致此耶？呜呼！诚无不动而有志者成，则成败之迹昭不可掩，而众寡强弱之不足论，尤可验矣，伏愿殿下监兹焉。

圣策曰："予以否德止果何先欤？"臣奉读再三，有以见殿下思与贼俱生之痛，深讲自治之策之盛心也。臣伏睹殿下自即位以来，文治既洽，武备亦修，边无刁斗之警，民有奠枕之安者，将三十年于兹矣。夫何恬嬉日久，祟极而圮？曩者之事，言则惨矣。庙社之灰烬满目，原野之积骨未收，而犹且兵连不解，祸结弥年，蜂屯域内，狼顾边头，觊觎之心未已，吞噬之志尚肆。欲称矛敹甲，荡捣巢穴，则兵力单弱，乏桓桓之盛；欲扼险据固，以御方张，则军无见粮，有半菽之虞。凡六年计划之勤，无一念不在于兹，而国步之危，渐就难救恢复之图，指日无期。则如臣草野之贱，虮虱之微，尚且腐心扼腕，至欲无生，况以殿下之英武，殿下之付畀，其抱辱含痛，思所以洒雪之者，宜无所不至矣。

呜呼！将非不择，而未见干城之美，则谓将之不得者宜矣；兵非不治，而未见甲胄之完，则谓兵之不治者似矣。民生失业，国储罄竭，则生财之违道如此；扶老携幼，散而之四，则保民之乖方如此。自常情言之，孰不曰已上数弊为今日疵病之大乎？抑臣之愚，有不然者，博达古今，深识治体，则殿下之明，非不足也；发刚强毅，临事有断，

---

① 姜邯赞（948—1031）：谥号仁宪，高丽时期武将，曾在1019年的龟州大捷中击败辽军。

② 郑世云（？—1362）：高丽时期武将，曾任西北面军容体察使等。

③ 朴犀（生卒年不详）：高丽武将，1231年龟州之战中击退蒙古军。

④ 宋文胄（生卒年不详）：高丽武将，1237任竹州防护别监，次年击退蒙古军，被升为左右卫将军。

则殿下之武，非不足也。以如此之明，以如此之武，其于措置备御之方，何所不济？而所慊然者，惟殿下之志与殿下之诚也。臣不暇远引古圣，而且以句践之事明之，积薪于卧，悬胆于坐，出入自励，不敢暂忘者，句践之诚也，则臣未知殿下之诚如是其至乎？十年生聚，十年教训，妻织躬耕，不敢自逸者，句践之志也，则臣未知殿下之志如是其笃乎？知贼之不可不讨，而和好之议或间之；知仇之不可暂忘，而宴安之心或乘之。进无死生一决之计，退有迁延中已之资，既不能倡率三军，激动士气，终未免恬然熟，泛泛悠悠，则殿下之志，殿下之诚，果如何也？而殿下之事，宜罔攸济矣。

伏愿殿下思宗社之至辱，念园陵之极痛，如锋芒刺背，铁轮旋顶，宁死不欲与贼而俱生，宁亡不敢弃城而图存。其隐痛之诚，愤激之志，足以鼓忠臣义士之气，则人心所感，天为之动，一日之间，事机旋转，风色自别。前日之弱者，未必非今日之强者；前日之败者，未必非今日之胜者。其所谓干城之登庸，军政之修明，粮饷之充裕，人心之固结，只在于措处中事矣。如是而人心有不感，天意有不动，深仇未雪，贼首未悬则臣请伏斧锧，以快亡卒败师之心也，伏愿殿下惕念而痛省焉。

圣策曰："子诸生止予亲览焉。"臣奉读再三，有以见殿下虽刍荛必择，使之尽言之盛心也。臣既以狂妄之说，犯触于前，敢以未尽之意，继献于后。臣尝闻崖山一隅，蹙蹙靡骋，宋室之亡，间不容发，而陆秀夫乃于舟中，犹讲《大学》，诚以浸灌义理，克去私欲，唤醒精神，竖立志气者亶在于学，而苟得朝闻，夕死犹可也。伏愿殿下勿以为今日之势末矣，今日之事急矣，日御经筵，引接儒臣，惟以讲讨为务，不为私昵所蔽，则殿下之志由此而笃，殿下之诚由此而至，内修外攘之道，无余恨矣。伏愿殿下勿以深计为妖，忠言为迂也。臣不胜犬马之诚，谨昧死以对。

《楸滩集》附录

墓碣铭并序

（清阴金尚宪撰。）

崇祯丙子孟春，领议政吴公卒。于位法得树石神道，而顾言曰："吾遭遇圣明，不得挽回世道，于国无功，于身无德，死葬勿立碑，凡请谥求挽借人揄扬之事并已之。"诸孤不敢违，既而谋于所亲，咸曰："然。虽然礼称先人有善而不传，不仁也。盍图于先友之质而不华者，略其细志其大，于短碣乎书之也。"遂来请于余，辞不获，谨按。

公讳允谦，字汝益，别号楸滩。其先海州人，有讳仁裕，仕高丽为军器监，十二传而为公之高祖，世有衣冠，至公始大显，遂赠皇考缮工监役讳希文议政府领议政。祖考司宪府监察讳景闵左赞成，曾祖考司瞻寺主簿讳玉贞吏曹判书。议政公业文不遂，家行纯笃，乡里推为诚长者，娶延安李氏文康公石亨之后，郡守廷秀之女，最名有妇德。嘉靖己未十月，生公，在娠有异梦，生而端颖异凡儿。八岁，大夫人病，思异味不得，公偏求以进，家人悉惊，以为诚感。

既冠，学于成牛溪先生，先生重其操履，待之有加。公不以科举为意，为亲屈意就之。壬午，中司马居泮宫，尤为士友所慕。授英陵参奉，弃官，又授奉先殿参奉。壬辰之乱，郑相国澈，体察两湖，署为从事，甚重之。相府幕僚之用荫官，自公始。癸巳，授典设别提，不仕，授侍直副率，转卫率，大臣荐才堪守令，除平康县监。郑公逑为方伯，以公事忤意，及相见，喜曰："真金玉佳士也。"自是每与论学，致敬重焉。丁酉，登文科别试，在县五年，境内大治，亡何弃归，征拜侍讲院文学，移弘文馆副修撰，又移司书，为修撰，为吏曹佐郎、知制教、副校理。

牛溪被奸党诬诋，公以门人自劾，辞侍从，递为直讲，特授镜城判官。公不以迁客自居，悉心营职，治理为一道最。甲辰，遭大夫人忧，与诸弟庐于墓下，哀毁逾制。及侍议政公，必修温颜，不敢以戚进。服除，典籍、司艺，用荐为安州牧使，公所在有异政，褒锡相继，不可胜记。去后民辄铸铜为碑，期于无泐。戊申，亲年七十，递归。以御史巡按北道，还为司导正，移左通礼，会有南顾忧，特拜东莱府使，弊祛信孚，民夷皆悦。陈疏归养，为户曹参议，移同副承旨。师诬未雪，疏辞不许。序升右副，特拜忠清道观察使。大臣以为"宜置左右"，仍升左副。郑仁弘恃恩恣睢，上札侮毁晦斋、退陶两贤，公与同僚，极陈尊贤斥邪之意，忤旨，出为江原道观察使。秩满，还为佥枢。在任，剔民瘼，厘贡案，修鲁山墓，定其祭式，奖振儒风，黜贪墨吏，人情翕然。癸丑，朴应犀诬告狱起，一时名流多被逮，皆公平生所贤重，杜门削迹，不与人事，为养求为广州牧使。明年，议政公捐馆，庐墓如前丧，服除，分承旨。丁巳，差回答使使日本，自关伯以下闻公名，无不敬待，归本国俘掳百余人。及还，所遗国赆，尽却之。后倭使来，问贵国如吴公比几人，答未易数，倭使笑曰："贵国虽盛人才，定不过一人。"李尔瞻废母后，廷议之，公辞甚严正，胁百僚伏阁，亦不赴，台谏请远窜，待命于郊者二年。

壬戌，光宗皇帝即位，超二阶，越海进贺，时海路多梗，人皆畏避，公无少动，及在海上，遇飓母舟几覆，众无人色，公危坐泚笔记诗，晏然如常度。公于圃隐先生，弥甥也，使日本，朝金陵，适与之同岁月，而其忠信自仗，夷险不二，又无不同，人益奇之。公既还，国家反正，登庸旧臣，遂拜公大司宪。改纪之初，务用重典，公持论和平，人多悦服，兼带经筵春秋同知事、元子辅养官，时议处废世子，台谏请断大义，公独自劾前所陈几误圣德，递为右参赞兼知义禁府事。上临筵，问："色、斗、得三戒孰难？"公对："色最难。"上曰："予则以戒得为难。"公复对："不必蛊心妖物，夫妇之间，或不能相接以礼，是亦不善于戒色也。"上改容曰："卿言然矣。"

公自先朝，出入经幄，每当进讲之际，辄先事规讽，上虚心倾听。拜吏曹判书，辞不许。公秉心公正，知其人不称职，虽亲不用，苟贤也，疏远不遗。鞫狱劳，加一阶。李适叛，扈驾公州，进崇政，上欲录勋，公启止之。宫殿毁于兵，移御光海时所创别宫，制度奢丽，公因进见，陈鉴戒之意。病解铨长，知敦宁兼世子右宾客、刑曹判书。世子加元服，进崇禄礼曹判书。未久，复长东铨，公益加振涤，选用知名士，恩泽除官者稀得进。拟有严旨，公不安，免拜知枢，兼悉如故。俄拜右议政，恳辞，御批："欲济时艰，舍卿伊谁？"公以为上富于春秋，向意经学，庶几有奋然进益之望，黾勉出谢。丁卯寇深，陪慈殿中宫，先入江都，虏要盟，请去中朝正朔，公极陈不可。及盟，虏固请上亲莅，公涕泣极谏，只令诸大臣同盟。逮奏闻，多没其实，公言："天朝有父子之义，言不可不实。"后果有蜚语，而得免投杼者，公之力也。还都升左议政，兼世子傅。朝廷增修江都行殿，公请撤废阙殿材，以省民力。许逌等谋逆伏诛，命录诸推官功，公力辞，只拜鞍马之赐，升领议政。上入左相金瑬言，窜罗万甲，逮问金堉，公力救得减律。上札劝上圣王之学，专功于《大学》，反覆致详，上手札褒答。又劝世子读书以玩索体验为要，克己谨独为务，尤致意于为善不诚，好名无实，盖欲随症下药，不为空谈，世子亦嘉纳。穆陵改葬虞祭，百官将以吉服行事，公据礼请用素服，从之。时议章陵追崇典礼，公力言其不可，与议礼诸臣不合，上屡下严旨，公确然不变，具见国史。公以言不行辞，递为领敦宁府事。

先年，请暇饰墓，多事未行，至是遂行。临行，以朱子甲寅奏札李文纯敦圣学札子，传写投进，末复："拳拳，勿以聪察事务为能，勿以维持一世为足。"褒答。既行，连疏乞解，不许，遣近臣敦谕。夏，震仁政殿，及仁穆王后疾笃，不得已入京。山陵毕，往浴椒井，仍归丙舍。秋，复拜左议政，敦谕益恳，公力疾入谢，或疑进退数数，公曰："上遇灾思治，此正乘机开导之时，他不可顾也。"元宗之祔庙也，公实领都监之事，人问其故，公以为："追崇非古则当初力争，大臣之责也；朝廷定礼则承命供职，臣子之义也，所见盖如此云。"亡何？雷雨，穆惠两陵崩毁，误传震击。公承命往审，还启："雨也，非震也。"于是，言者咎公讳灾，公引入不出。上以罗万甲倡言，下教罪万甲，公上札救解，且以言路为戒，万甲得免重谴。

上讲《大学》《诗传》，公于筵中，陈讲学资益之要，其言甚切。又因下教，言："人君和平中正，以消朋党，不可先有系着。"又言："陵寝宜遵祖宗俭制，大君家舍太侈，请裁减。"上嘉纳，仍命所司施行。讹言陵变不息，请再审，不许。公出居江上辞职，下教深斥讹言之人，辞旨太峻。公复上札陈戒，上觉悟曰："卿言是也，予过矣。"儒生蔡振后等上疏，侮慢栗谷、牛溪二先生，公复为申卞乞退，章三十上，不许。敦谕入城，自此尤无意世事，不与人接，深坐一室，案上只留《近思录》等书。仁烈王后丧，为总护使，劳悴已甚，或劝辞疾，公曰："君母未葬，岂可言病？"初，礼曹以自上服制不杖期为定，公引古礼，追正其失。

疾渐革，近臣辈降御医留视，内赐药物，相属于道。遗命治丧悉用俭素，子弟进药，摇手却之，正席东首，屏妇人，戒内外勿哭，静而俟之。至正月十九日，告终于京城之东第，春秋七十有八。讣闻，上辍朝三日，吊祭如礼。王世子致襚，葬事官庀，哀荣之礼尽矣。用是年四月，窆于龙仁县慕贤里巳坐亥向之原，与夫人墓同原异穴。

夫人系出庆州，高丽李益斋齐贤之后，佥正应华之女。有二男二女，长达天，郡守；次达周，卫率。长女婿，郑斗望；次女婿，观察使具凤瑞。侧室三男三女，长达朝，次达远夭，次达士。达天三男四女，长道宗，次道隆，次道一①。长女婿，黄玧；次女婿，韩圣弼。余皆幼。达周二男一女，长道敏，次道翊，女适李致。达朝四男四女，皆幼。达远一男，道全。达士二男二女，皆幼。内外曾孙男女若干人。

公天资粹美，自然寡过。平生不为新奇高远之论，能守师说，饬躬砥行，为世模楷，号称名臣。诗云："温温恭人，维德之基。"其公之谓欤？铭曰："若稽古籍，观人有术。操履之惇确，声容之和悦。本原为实地，事功为粗迹。金石匪固，丹青匪色。儒门德行，后死永式。"

祭文

王世子赐祭文

（知制教金堉。）

惟灵。精金出矿，美玉生崑。英才拔萃，仙鹤高骞。早得贤师，学有渊源。腾谣桑麦，荐名词垣。达施有志，非饱非温。不二夷险，御命膺抡。平生忠信，日域天门。运值中兴，旋乾转坤。德邵望重，

① 道一：吴道一（1645—1703），字贯之，号西坡，吴允谦之孙，朝鲜文臣，曾任吏曹参判、兵曹判书等。1694年以奏请副使出使清朝，因文章出众被誉为"东人三学士"。

年高位尊。从容廊庙，泽及元元。何知一夕，遽谢高轩。民之无禄，邦运其屯。小子年幼，学未探根。从公讲习，大开吾昏。逮忝元良，长奉诲言。师我傅我，道之所存。今何问学？已矣九原。圣母上宾，哀缠背萱。茕茕在疚，情绪迷昏。替遣宫僚，以慰英魂。身留心往，声出复吞。

祭文

（浦渚赵翼。）

粤惟我邦，僻在海东。风俗之善，自于箕封。斯学一脉，尚且寥寥。讲求开阐，爰始本朝。诸贤迭兴，远绍洛闽。坡山高蹈，是惟天民。四方闻风，百舍抠衣。惟时我公，早自得师。从游林下，日闻至论。陋彼俗学，依此正门。熏陶浸润，积以岁月。玩索之精，操守之力。端详和乐，忿厉不形。虽缘质美，实惟学成。爱人之念，温然若伤。接物之际，惟见慈详。清贫俭约，罔间终始。萧然圜堵，实一寒士。宗族称孝，朋友称义。策名立朝，随处自致。少历州县，民思其惠。中罹昏乱，其守愈励。东西南北，夷险一视。渤海扶桑，鲸波万里。行已有耻，不辱于使。夫子所称，公殆庶矣。龙飞拨乱，聿求贤德。委以冢宰，遂至爰立。十载廊庙，一意启沃。位冠百僚，年高八秩。清名令望，观仰一国。云何不整，一病奄忽。国无老成，朝丧蓍龟。圣心震悼，士类含悲。呜呼哀哉！翼也生后，未亲有道。独学伥伥，多愧卤莽。初因宦游，幸际德宇。不鄙其愚，即蒙知许。自始逮今，三十年所。及值清时，来会于京。忝公下僚，获佐铨衡。相遇欢然，鱼川鸟云。每奉款款，言若兰薰。同时诸公，谁不相与？至于相知，如公有几？光阴苒苒，世事茫茫。公年既耋，翼鬓亦霜。公之告疾，翼亦卧床。问不获亲，遽闻云亡。知己之丧，昔人所痛。輀车之行，又不祖送。悼今思昔，有涕涟洏。一奠遥诀，告以芜辞。言何能尽？庶几鉴兹。呜呼哀哉！尚飨！

又

（乐全申翊圣[①]。）

温其如玉，蕴于中者全，蔼乎若春，被于物者然。无论渊源丽泽之渐益，惟其涵养造诣之精专。独立波荡之中，自持雍容而周旋。不宰之功，而在默延，去来之迹，足配前贤。噫！处斯而求斯，邈若神而若仙。仙仙乎其莫可追，望云天而迍邅。

又

（白江李敬舆[②]。）

惟公。气得其清，性不待复。先立大者，亦造于学。诗书饬躬，大有以蓄。金相玉润，价掩荆璧。祥麟瑞凤，羽仪王国。糠粃所铸，器用无适。弦歌棠咏，武城召伯。汉槎蛮节，乌川之续。身否道亨，十年丘壑。运启重恢，舆望咸属。手提天宪，朝纲载穆。秉公铨席，轻重同得。翊参大化，端委鼎轴。清名雅量，坐镇流俗。泰山乔岳，运动无迹。密赞化匀，民受其泽。天不慭遗，一夜星折。朝乏蓍龟，国无乔木。人悲殄瘁，士丧先觉。穗帐徒设，门馆如昨。日月几何？即远期迫。寻常汉水，衣带咫尺。此去莫返，永辞安宅。恋阙怀土，迟回怵惕。惟余谫劣，早蒙提掖。仍忝郎署，深仰懿躅。存心之正，制行之笃。接物之恭，爱人之德。枢机之慎，冰蘗之洁。欲学未能，心醉膺服。鄙吝之萌，犹觉永释。千载存没，九原难作。痛隔幽明，泉路云邈。几案琴书，徒存彷佛。鸡黍微诚，实出衷曲。行潦涧毛，冀享菲薄。尚飨！

① 申翊圣（1588—1644）：字君奭，号乐全堂、东淮居士、青白道人，朝鲜文臣、书法家，曾任五卫都总府副总管等。

② 李敬舆（1585—1657）：字直夫，号白江、凤岩，谥号文贞，朝鲜文臣，曾任全罗道观察使、领中枢府事等。

不允批答

领议政呈辞时不允批答

（玄谷赵纬韩。）

才闻遘疾，意谓无妄之或然，继见辞章，予实罔知其攸答。国已至无可为者，卿安得出此言乎？惟卿邦赖蓍龟，人睹芝凤。操洁冰玉，不唯想望其风标；学有渊源，方且拭目于儒雅。忠信服日域之俗，已知蛮貊可行；正直感沧海之风，始识星汉有路。所以延登鼎席，洽副朝野颙望。当左辖而力辞，曾是不意，置首揆而图退，抑又何心？矧今国事之可忧，已到十分地，加以边虞之孔棘，有难一二陈，渺若涉其渊冰，倚奚止于舟楫？予虽无似，既悉国方听于卿。此何等时，以大臣敢言其病？况乃位非卿谁副？唯厥疾自尔用瘳，勉图共贞，毋思独善，所辞宜不允。於戏！进退若是其重，去就奚可以轻，宗泽孤忠，有病不忘君之义。诸葛尽瘁，进死而后已之章。故兹教示，想宜知悉。

日记

东槎日录

光海九年（*1617*）日本通信使纪行。七月四日，釜山出航。十月二六日，釜山还船。十一月一三日，还朝。

光海君九年（丁巳）七月初四日，晴。午后乘船，吾与从事同船，副使异船，皆留宿船中斋宿。

初五日，晴。晓头祭海神，因风不便，不得发船。

初六日，晴。午后行船，泊于釜山越边戡蛮夷[1]待风。

初七日，晴。夜半橘智正[2]送人告曰："来日必得顺风，当早发船云。"船人等亦一样言之。未明举帆，橘智正、平智长[3]亦行船前导至洋中，风力甚微，且有横风，船人皆疑惧。日出后风势益横，波涛渐恶，船头出没，其倾仄汹涌之状，不可形言，船中皆僵卧不能举头。午后忽得顺风，风力甚紧，船疾如飞，申末到泊于对马岛鳄浦，橘智正、平智长皆贺，幸甚幸甚！吾于船上，虽不至僵卧不省人事，而头痛眩晖，终日不得饮食矣。浦去对马岛主所居府中几三百里许云，浦□有村二十余家，村中有寺，名曰"宝藏"，与副使、从事同宿寺中，吾与从事同房，副使异房。橘智正、平智长行再拜之礼，吾等答揖。岛主义成及调兴送人问候，支供一行，粮馔甚优，令管粮译官军官："凡粮米，勿论上下，各计一日三升受之。余皆还给不受，前头以为规例。"义成调兴，强请从例尽领，终不受。

初八日，晴。早食寺中，乘船向岛主所居，智正、智长之船及岛主所送之船皆护行。且有小船二十只，分左右连索牵引，而行八十里许，风逆不得前，留泊于盐浦。先备酒果鱼面送呈，又亲到问安，吾与从事于船上作揖相见。叙礼毕，又移就副使船。盐浦无人家，宿船上，调兴亦在相望地护宿。调兴，平调信之孙，景直之子，年可十五。是日船上，闻有岁遣卜物船向釜山者，即书状启付送，移文东莱，使之转达。

初九日，晴。平明发船，调兴船先导，橘智正、平智长亦先后焉。自盐浦行五十里许，海水一派，通于峡□，名曰"下濑"，一行诸船，

---

① 戡蛮夷：又称戡蛮浦、戡蛮夷浦，处于釜山市南区戡蛮洞南侧位置，现已不存。

② 橘智正：倭人。1601 年，德川家康两次派其出使朝鲜议和。

③ 平智长：倭人。

皆从此路。水广容七八船，长可八九里，断岸小岛，包络如球，其间最奇绝，立祠名曰“住吉”，船人过此者，皆赠物祈祷云。自下濑又达于大海，日晚风逆，其势必不得到府中，方谋宿船越浦，忽得顺风建帆，直向府中。距府中八九里许，岛主义成，乘船迓之，吾与从事坐船头楼上，与义成船相结作揖。坐定，义成问候，答以粗安。义成，义智之子，年可十五，义成先导入府，调兴亦先入。吾船到泊于府前浦，调兴多定小船，分载一行员役下陆，吾等亦乘有楼小船而下到馆，馆宇闲适，床帷精洁，盖前所未有，而今番使臣之行新构云。夕，调兴家供一行，役员夕饭，吾等三人处亦供饭，极为精洁。自初更雨作，达夜代雨，岛中头倭皆贺下馆后逢雨，若船中遇大雨，则其苦如何如何云。

初十日，阴或雨或晴。早朝，义成、调兴皆送人问安。差晚，吾与副使、从事坐堂东壁，置礼曹送礼物件于北壁，令调兴具冠服入拜受。并受岛主礼物而出。小顷，义成及调兴具冠服入行相见礼，岛主与调兴，进前两揖，吾等答揖。义成、调兴皆年幼，故岛中用事头倭等皆列坐其后矣。坐定，谕：“以朝廷送使臣之意，实非偶然，越重海送使臣，事极重大，而朝廷特念岛主诚恳，许此重事。虽岛主年少，左右必多解事人，善导岛主，使之感念朝廷轸恤马岛，有请必从之盛意，至诚事大，终始一心，永为藩屏可也。且此岛人民，专赖我国卵育之恩，以为生理，此意，大小人皆不可不知。”且谕调兴曰：“柳川先生，皆受国家厚恩，至诚向国。今见柳川，年虽少甚颖悟，必能继祖父之绩矣。不替诚款，终始一心，则国家待之亦必加厚矣。”各啜茶而罢。柳川，调兴别号，自调信称柳川，岛中皆号柳川。

十一日，除。义成、调兴送人问安，义成送人，请于其成内正厅设酌，吾以病辞，从事亦以私忌辞之，故退行于明日云。调兴送人，请修改船只，许之。岛主送酒馔甚优，下至从人。

十二日，朝雨，食时雨势大作。义成送人，请恳辱临，且欲具雨备奉要，吾等以雨势如此，不可冒雨而行，姑迟之。及午开霁甚快，吾等遂行至义成所居城内，义成具冠服，调兴、宗方亦具冠服，以次出迎阶下，揖以上阶，设客位于东，义成与调兴、宗方以次西坐。宗方，玄苏弟子僧也。东西皆设椅坐，朴大根、郑彦邦亦设椅坐于东边楹外差后，盛陈果馔略如我国宴飨设馔之为。杯至，举手相称，爵至七巡，累辞乃止。爵三行，吾等使译官言："贵岛至诚向国，恳诸使臣，故我殿下勉从贵岛之请，此吾等所以越海也。壬辰丁酉被虏之人，不得刷还[①]者何限？贵岛须尽力刷还，使无一□遗落可也。贵岛中亦不无可刷之人，宜先刷出，使吾等知在岛者凡几□可也。"义成答曰："敢不尽心？"调兴答曰："吾自祖父，世受朝鲜厚恩，吾实朝鲜人，常随使行，终始往还，当极力周旋云。"且曰："此事不可空手而为，必有财可为，其间不无买出之人云。"吾等答曰："两国方以信义相好，我民之被虏在此者，自当一一刷还，不使一□遗落，方可谓邻好，岂有用财买之理哉？"调兴答曰："行下甚当，吾所云者，亦虑或有如此处，非谓处处皆然也。"罢出，义成以下，皆送至阶下。吾等还馆，义成、调兴、宗方皆送人问候，又送雪糖、冰糖。

十三日，晴。义成、调兴各送人问安，橘智正亦亲持饼果鱼馔而来。差晚，调兴送人。明日晴，于陋止略设小酌，辞意甚恳，吾等许之，吾等以行中所持土物，送礼于义成、调兴、宗方、橘智正、平智长等处，使崔义吉、姜遇圣领去，申言马岛应刷之人，为先开录以送，不可一□容隐之意。义成、调兴皆送人致谢，智正以下亦亲自来谢。义成、调兴答："以刷还一事当尽力，但小岛留在人不多，虽有些少人，若为先刷出开录，则此皆已为土着产子孙，不愿出归者，不无虑外之事，不若还归时刷还之为得宜也，岂有一毫欺隐之事乎云？"仍送一书，言刷还不可不尽力之意。

---

① 刷还：将流离国外之人遣送回国之事。

十四日，晴。朝，义成、调兴又送人恳请。午后，吾等到调兴所居。调兴、宗方皆下阶而迎，义成自内随后出来，及于阶上，盛备珍羞，极其精洁，并设饭粥，酒至七行。及罢，调兴请于茶屋暂休。吾等从堂后转过回廊，有浴室茶屋，清净可爱，自茶屋之后，绕出松树竹林之间，有池塘荷叶之胜，吾等设椅池边，坐玩良久，还寻茶屋。茶屋之旁，有一轩，架上有唐本《论语》《孟子》，设水瓶于北壁下，插白菊数枝，正如两节菊。义成、调兴、宗方俟于轩下，揖与共坐，调兴请更设小酌行酒五行，调兴请闻贵国笛声，行中有吹笛人，事之吹笛，语次云："昨承书不之意，刷还事辞意丁宁，当尽心也。"良久罢还到馆，义成、调兴皆送人问安，送生银□鱼。

十五日，晴。晚与一行员役，行望阙礼于馆大厅，具朝服行礼。差晚，宗方送人，致饼果豆泡酒尊等物。义成、调兴送人问安，亦致鱼果等物。

十六日，晴。义成、调兴送人问安，且欲亲自来候云。夕，义成、调兴来见，吾等以便服平坐相接，行茶礼，罢后又设果盘。行五爵，军官柳东起善琴，使之弹琴，义成等皆倾耳称善。且言："关白自关东，前月已到山城州天皇所都，八月望时，当还关东，若使臣之行速至，则可及于在山城时云。"夕送生驸鱼，盛以画盆。

十七日，晴。义成、调兴、宗方送人问安，宗方送沙弥，呈七言四韵一首。

十八日，晴。义成、调兴送人问安，且言："今日欲乘舟陪行，而无风未果云。"夕送生银□鱼。

十九日，晴。义成、调兴送人问安，送银□鱼海羊。午，橘智正送油饼各一榼，如我国油饼。盖智正妻，我国女人云。

二十日，晴。义成、调兴送人问安，且言欲于其所居正厅，设酌恳请，吾以病谢之。盖一遭往见之后，至于再则非所欲，故以病辞之。午后自馆移于流芳院，院在近船处，调兴父景直所建精舍，有飞泉绕砌竹林桐树之胜，实岛中佳处也。夕，义成、调兴送人问安，拟明晓风便则乘船，故一行卜物，皆载船以待矣。义成再三恳请设酌，许之。

二十一日，晴。留流芳院，无风便故也。朝，义成、调兴、宗方皆送人问安。义成则恳调今日无风，深望来临陋地。食后调兴与宗方来见，又请今日岛主欲设小酌于岛主所居，如蒙许临万幸，仆等当先往待候云。调兴、宗方先往岛主家，午后吾等往岛主家，先设饭具，极陈盛馔，仍行酌五巡而罢。义成请于堂后茶屋小休，吾等许之。义成、调兴皆避他处。吾等与宗方及他解我国语通倭等及军官译官辈，就茶屋啜茶。后宗方又引就园中茶屋，屋在园中最幽处，自堂后至园中，茶屋之间，庭除净洁，皆有承步之石，列植柿梨橙橘柑榴，葱蔚成林，不见天日，林下逶迤作路，转过茶屋，曲曲皆可坐也。中间佳处，皆设坐椅，以待休暨。盖岛主堂屋器具园林之胜，非调兴家比也。吾等良久坐园中，茶屋架上，有《春秋》《论》《孟》《庸》《学》及他史记诸家抄集，义成送人请从容游览，仍送珍果屑糖，各盛以雕银盘又啜茶而罢。还至堂中，义成、调兴出迎，各坐定，义成请以小果盘行酌，吾等辞之，固请许之，仍行酒五巡，极致诚款。吾使译言："岛主调兴年虽少，至诚待使臣，可见向朝廷之意，前头刷还一事，可十分留心，勿为寻常。"答曰："当十分尽心，幸勿疑疑。"罢出，义成、调兴、宗方皆送至阶下。义成、调兴揖让进退之礼，与初见时，颇似闲习。

二十二日，晴。义成、调兴送人问安。无风不得发船，仍留院中。自食后午后雨作，及晚，风雨大作，达夜不止。

二十三日，晴。义成、调兴送人问安。午后，义成、调兴来候，欲自门外还归，吾等要入行茶。义成左右名源知政者，稍解文字，凡书启等事，皆主之。智政言："古人云入乡循俗，使臣入此岛后，则循其国风俗可也，不可强责以他国礼貌云。"其意盖以礼貌间事，累被责诘为慊故也。吾答曰："所谓循俗，凡饮食起处小小节目间事也。至于礼节，自有等差，是天下通行，一定不易，不可循俗，而有所挠改也，各寻讨是处可也，何必言循俗为也?”良久罢出。调兴送饼三色，无风留。

二十四日，晴。义成、调兴问安。食晚，宗方来见，行茶坐语良久，仍书七言一绝以呈，其意盖欲求和，午后而还。无风，留。

二十五日，晴。义成、调兴送人问安。无风，留。午后，调兴送饼各一器。

二十六日，或阴或雨。义成、调兴送人问安。午，宗方送书相问，求和诗，辞以客中病困，前途岂无相酬之日？幸勿疑。夕，送生鳆、有匣小螺、有匣银□鱼，调兴亦送银□鱼。无风，留。

二十七日，终日雨。义成、调兴送人问安。午后雨势甚紧，东南风大作，雨亦大作，日没后尤甚，达夜不止。义成、调兴亦各送人救船，观雨势已成雾淫，似无开霁之期。留岛中已至二十日，郁郁难堪。

二十八日，雨。义成、调兴送人问安，头倭皆到门问安，各言：“夜来风雨甚恶，恐体候不安，为来问安云云。”午后，国分寺僧铁总者，送沙弥问安，且送酒尊果盘油饼豆泡，初欲不受，为是山人所送，且国分寺则专向我国祝寿，且列书国忌，忌日必上食云，故以此意开谕而受之。其沙弥馈酒措拜，款答以送。夕，义成、调兴、橘智正各送生梨，义成则加送真末饼。

二十九日，乍阴乍晴。义成、调兴送人问安。且言：“昨日有人来自倭京言，关白九月前则当留山城州，使臣之行势将可及，喜幸云云。”夕，送扇、纸、笔、墨、席子、油芚等物于国分寺首僧铁总，总款遇持去，小通事等为言：“明日当亲往谢拜云。”无风，留。

三十日，乍晴乍阴。义成、调兴送人问安，以每言无风久留甚苦未安之意，答辞以送。明日当行望阙礼，而以僧房苟且故不行。

八月初一日，晴。义成、调兴送人问安。午，宗方来见，从容接话啜茶，宗方问：“无极太极是何意?”吾答曰：“此不可容易言之，观其意，必欲知之。”再三恳请。吾答曰：“以理无形故谓之无极，至极故谓之太极，只一理非二物也。但汝何以知无极太极之名，此言出于何书，汝何处得见之乎？”答曰：“闻是周濂溪说云。”绝岛蛮僧，亦知有此言，又知某之说，奇哉奇哉。

初二日，晴。朝，义成、调兴送人问安。今日风势甚好，当急乘船，吾等即卷行李乘船，日约辰正矣。开洋后风势极顺，风力亦紧，申末则到一岐岛风本浦，浦去岛主居甚违云。浦边居民，仅四五十家，义成、调兴、宗方及他头倭船数十，商船随行者，亦将二十只，共通四十船。一岐太守隆信，则以国王到山城州行礼天皇，故往倭京，留副官南总右卫门支供上下。夕，下馆。义成、调兴送人问安，橘智正亲到问安。昏，有被掳人来言：“本居顺天地，役属防踏镇镇抚，本名朴春节，欲去云。”吾等招见慰谕，约还时来现，且言本岛掳人甚多云。吾等喻以汝若倡率，多数募出偕行，则汝必有重赏，言且有金堤人来现欲出去，吾等亦喻以还时来待，皆给果物而送。馆舍之旁，有望母祠，其里名曰“圣母坊”云云，必是古迹，而无人知者。副官以崇信之意，欲呈礼单及甲胄等物，严辞牢拒不受，自是以后，译官等开喻不受之例，自外挥却。

初三日，晴。风势亦顺。义成、调兴送人问安，仍言差晚潮入时装船。早食后乘船，风力极紧，船疾如飞，未末到蓝岛，周回仅数里。浦边居民数十家，岛属筑前州太守长政所管，长政新构一馆，为接使臣之所云。吾等日晡时下馆，闻长政亦往国王处，只留副官支供，馔品极盛，赤甚精洁，非一岐之比也。翌朝，副官源智直请见，许之，膝行俯伏，极致敬礼。盖国俗，以膝行为极敬也。

初四日，晴。义成、调兴问安，早食后乘船，开洋后风势极顺，未到亦间关二十里许，有城堞层楼，民居连亘五六里。遥望城下，隐隐有长桥，桥下引海水城底作浦，以为藏船之所，凡大小船，皆从桥下出入，此乃丰前太守忠隩所居云。申时到亦间关前浦，忽有乱风急雨，船人皆言："若逢此风雨于中洋，则必有大般颠沛，今日事极顺云云。"酉时下馆，馆宇最净洁，庭除树木，皆奇绝，亦间关属长门州太守辉原之子广原所管也。广原亦往国王处，留副官下总、采女二人支待，辉原与家康战败，削地为僧，其子代为太守云。夜，风闹大作如覆盆水，淳昌居女人，送谚书云："真祖权牧使大德，祖龙安县监，年十五，丁酉被掳，今年三十五，为筑前守亲奴之婢子，欲为出去云云。"

初五日，阴乍雨。义成辈皆送人问安，朝夕问安为例，自此后不书，盖省文也。丰前守忠陕虽往倭京空镇，而吩咐副官平景加追送上下酒馔极优，酒至百筒，他物称是，吾等固辞。来使恳请后许受其半，分给从人格军，又分给义成、调兴从者。风势不顺，且雨未快晴，留宿赤间关。平景加欲来见，许之，景加入楹内，以两手拒地为礼曰："岛主虽不在，使行过境，不敢安坐，敢遣小官，致薄馔于从者云。"吾等答云："已过贵岛之境，此处亦有支供，义不可受。而副官受岛主之命，至诚如此，且远来劳苦，兹受其半。"言讫，俯伏而出。马岛义成所送原右卫门自倭京还来言："关白秀忠尚留山城州，九月望后当还关东。闻使臣之行，已到马岛之奇，深喜。诸岛将官皆会倭京，诸将亦皆喜贺。原丰自关东出来，得病身死。原丰，关白眼前亲信之人，自前专主我国之事，详知我国事情颠末者云。"

初六日，晴。午后，义成、调兴送人言："明日潮水甚早，赤间关前路水势甚险，非潮则难于行船，须于今夕上船。宿船上，乃可趁潮行船云。"吾等即卷行李，临夕上船，宿船上。自昏云气沈黑，风势不顺，或雨或晴，及晓风势愈逆，且有大风之候，及朝还下馆。午后，宗方来见，良久做语而去，仍留宿馆舍。夜，下总、采女等来呈豆饼床花饼两色。

初七日，乍阴乍晴。午后大雨达夜，仍留宿。午后，义成送葡萄、烧酒、正果等物。

初八日，阴。终日雨不止，午后，调兴来见。

初九日，阴，或雨或晴。前日在盐浦时，状启东莱府回答公事到付，自马岛来传也。

初十日，乍阴乍晴。早朝，义成、调兴送人，今日晴可发船，吾等一任倭人指路，我国水手亦不知异国水路，故只信其言。发船行七十里许，风逆不得前，遂留泊于山崎，及暮风势愈恶，雨气亦重，山崎非藏船之所，故不得已冒夜回船。还到文字城下，则平明矣。

十一日，乍晴。食后，调兴送人，有顺风可发船，即促帆发船，风势极顺且紧，日没时到向岛，风势不止，船人皆言得风甚难，可乘月前往，吾以副船及卜物诸船亦未及，昏夜不可相失，仍留待诸船，到即齐发，夜半到上关。是夜，月色如昼。达夜顺风，留宿船上，是夜船中困睡，梦见黄思叔①，着乌纱帽淡红团领，颜色瘦削无人色，吾即握手曰："何消瘦至此?"笑而答："兄以我为生乎?"吾即悲痛出声，觉来恍若仪形在目，达晓悲怆，不自堪也。上关亦长门州所属，广原所管也。

十二日，朝晴。秋气清爽，微有西风，早朝发船，风力其微，促橹而行。是朝，广原所定头倭，支供上下粮馔酒果，日晡时到，泊于可留岛。夕食后，与副使、从事下船坐沙边，浦边有山麓可通望处，三人以肩舆登眺，久在船上颇郁积，殊觉胸襟开豁也，良久还船。是夜，月色比前愈好，与从事久坐船上，看月听琴，夜已三更矣。可留岛，属周防州而无村家。

十三日，晴。风势不顺，平明因潮水发船促橹，巳时到三濑岛，岛是安预州所属，幅岛太辅政则所管也。政则亦往关白处，只留代官支供上下，浦边有村家数十，亦有关宇。与副使、从事下船共入一堂朝食，食后调兴来见，义成则因肿症不得来见云。有我国被掳人来现，

① 黄思叔：即黄慎，详见前文注释。

自言："熊川居两班之子，名李弘济，妻则京居两班严氏之女，在掳中所娶云。"招与接话之际，马岛头倭叱呵驱出，即使朴大根责其无礼，仍使往见义成、调兴，切责年少不能禁戢所管下辈，致有悖慢无礼之事。调兴即谢下辈无知，致有此失，不胜未安，当更申令，后勿如此云。午后，因晚潮发船，初更到泊于忠海，宿船上。

十四日，晴。晓头发船，行数十里，见一小寺在海边绝壁之上，寺名"观音"，凡过船，皆投钱粮柴木，居僧数人以此为资云。午时到韬浦，是备后州所属，福岛大辅政则所管也。浦边村家极盛，胜于赤间关。泊船良久，调兴送人言："幡摩州太守替职降禄，其太守所管下人失所，落泊于此浦，此辈似是乱民，不可下馆云。"仍回船移泊于数里外浦□。闻映日马岛所送十郎卫门来言："关白苦待使行，行若迟，则欲于九月初还关东云。"午后似有顺风，建帆发船，日没潮逆，夜已三更，未到下真十余里，下碇宿船上，浦名木路云。是夜，风雨甚恶，船上不安，达夜不得成睡，欲明时雨势小止。

十五日，阴。平明风顺，建帆发船，到泊于下真村前，落帆汲水后，即为发船，风势拖顺且紧，过牛仓，日晡时到室真，室真属幡摩州。调兴等请下馆，夕下馆，与副使、从事同宿一厅，馆宇甚净且广。幡摩太守忠长，虽替职，而新太守未来之前，犹令代官支供云。吾等辞供饭之具，只受果盘。义成、调兴送干鱼酒果，为是日秋夕也，分给船中从人格军，达夜酣饮。

十六日，晴。平明发船，虽无风势，以地方船只，曳船橹役而行。巳时当有顺潮，欲仍潮前进，食后发船到兵库，日已昏矣，欲留船上过夜，东风甚恶，兵库前且非藏船之所，二更冒雨下船，就浦边家过夜。兵库，即关白私庄，使片桐主膳次知治之。兵库居民极盛，几至六七千家，属燮津州云。

十七日，阴。朝自兵库发船，到六七里许，风逆，下碇于胁浦。酉时发船到江□芦屋村前洋，以江□水浅，日昏则难于行船，宿船上。

十八日，阴。平明发船到江□，水浅之故，大船或碍或浮，到店浦前，移乘江船，沿江行船，吾与从事同船，副使异船。爽江屋宇，连亘十五里，商船战舰，迷漫两边，板桥五处跨江，势若长虹，一曰“土佐堀桥”，二曰“越中桥”，三曰“筑前桥”，四曰“三左桥”，五曰“肥后桥”，又有天满桥、京桥在相望之间矣。此江一派出于治，治产好茶之地云。一派出河内洲，合于大坂城下，往来之船，皆由五桥之下。吾等所乘之船，亦由桥下，过第五桥下船，乘轿下馆，馆于日向寺大御堂。寺在大坂城外六七里，自下船江边，至大御堂十五余里，穿市廛间，比屋连甍，无寸地空闲，人民之庶，物货之盛，真大都也。左右观者如堵墙，轿过时仰首加额，齐声攒手，声振如雷，未时到馆。大坂是平秀吉子秀赖所居之城，年前秀赖战死时，尽被焚荡，民人皆新造屋，比前盛时则减半云。关白使松平下总主治大坂，凡支供之事，则长川左兵卫、小河清卫门、末孙兵卫等三人主之。松平亦送酒果鸡猪，是日宿馆所。

十九日，阴。食后将发向江边，乘江船向定浦，因雨势大作仍留馆，分行李载江船入倭京，以杂物及军粮留海船，雨势终日不止，不得发行，仍留宿馆所。

二十日，晴。早食即发馆所，又上江船，曳船向定浦，因雨势，导义成为后。未时到平方中火，平方是关白行时留宿茶屋云。平方支供之事，使内藤纪伊守、小河大和守两官句管，关白之令也。中火后即还船到定浦，则日已昏矣。初更下馆，馆是关白行时茶屋，如我国江舍之制，真形胜也。关白使木村总卫门、藤内市卫门、僧竹庵三人，主管支供之事，馔品丰洁，器具华艳，非他站之比也。饭后闻关白执政三人，名送使问安吾等接见而送，关白又送荒木虎助，求见吾三人职姓名，即使译官书赠，宿定浦馆所。

二十一日，阴。主支供两官求见，吾与副使、从事同坐一厅相接，罢出后两人言于译官曰：“吾等极力支待，幸将军有问，以至诚接待答之为望云。”食后自定浦乘轿，发向倭京，自定浦至倭京四十里云，定浦以后，则人家相连。午时到东寺，寺在定浦倭京中间也。自东寺至倭京二十余里，屋宇相连，市廛栉比，物货之盛，民庶之众，十倍于大坂，大道通衢，左右观光者，戢戢森森，骈阗充塞，声振如雷，此非独倭京元居民众也。关白自关东来到未久，六十六州诸将，各率军兵，会于京都近处，故军民之盛如此云云。是日，观于大德寺，才下馆，雨势大作，关白则时留伏见城，去馆所四十里云。关白即送上野佐渡守正纯、板仓伊贺守胜中来问安。板仓守，京都大官云，吾等三人，具冠带出厅接见。上野、板仓使译官传曰：“使行远来劳苦，关白使我辈相问故来耳。”吾等答曰：“入界以来，连闻关白起居平安，为慰。且蒙关白严饬一路，接待礼优，足知关白敬邻邦以及使臣之盛意。”且曰：“我国二百余年，交邻厚义，壬辰以后，反为仇雠，自先关白以来，尽反前代之非，必欲重修旧好，故我殿下深嘉诚恳，为遣使臣，以答盛意。”上野等对曰：“关白年虽少，常以前日之事为非，必欲以信义相交。”吾等答曰：“我国以礼义为国，天下所共知，常以贵国之或未信义为虑，今闻关白之意如此，实两国之幸也。”上野等遂辞退。吾等答以雨中来问，不胜未安未安传，命之后，愿更相见，罢出。两大官来见时，义成调兴等，跣足冒雨，奔走先后。馆中支供之事，则板仓及小野宗左卫门两官，各率管下。板仓管下，则大村十左卫门、小林猪兵卫，小野管下，则古岛新左卫门、岩崎清兵卫四人，来馆待候。

二十日二，晴。留馆。被掳人晋州张仁凯、罗州罗允弘来现，皆两班子之子云。闻调兴朝往关白所，夕，调兴送人问安，且言见关白而来。明日早，与岛主俱往礼关白后，可知传命日期云。柳植、柳锡俊女子等，谚书来传，各问亲属及故乡书信来否。谚书中列书南小门洞慎馨国、李惠、顺兴君姓名，问其安否，必是此人等子女亲属也。此人等时在协判中书家，自伊预州移来大坂，又自大板，当移到倭京云。

二十三日，晴。留馆。夕，义成、调兴自关白所回来，为言："关白甚喜，定于二十六日，行相见礼，幸甚幸甚!"上野使副官送干鰒、酒果、茶叶、盛茶瓶及茶磨子。上野乃关白执政大臣，下馆即为来见，又送礼物，前所未有云。

二十四日，晴。留馆。义成、调兴欲预受关白处所赠礼单，与副使、从事具冠带坐堂，点视各色物目，一一交付。李涵一之弟行一，被掳为奴，来见涕泣无数。求礼居梁应海、金海居金应昌、蔚山居韩应凤来见。梁应海颇解文，自言参曾初试。金应昌庚寅武科出身云，梁应海诚心欲为出云，慰谕馈以酒果，出视谕文，仍给谕文一度，使之召募聚会，待吾等还时偕出事言送。

二十五日，晴。留馆。橘智正来见，为言明日定为传命，当早发可往还云。伏见距馆所几四十里云。夕，板仓送酒馔累品。

二十六日，晴。平明发自大德寺，穿市廛至伏见，其间屋宇相连，无寸地空闲。自寺至伏见几四十里，物货人众之盛，与初来所见一样。未至伏见三里许，义成、调兴设歇处具饮，请暂停轿休息，吾等以传命日晚，辞不入。至伏见城，入三重门下轿，旗麾鼓吹，皆留城门外。至关白所居正厅门外，守门之将请云钺，只持节而入，钺在门外，节则随至厅前。初入，义成、调兴及板仓上野出迎，引至正厅西边一堂，请暂歇俟关白坐厅。吾等坐定，关白送使问远来劳苦，吾等答以承下关，不胜怕感。良久，关白出坐，调兴奉国书，上野先导，吾等随行至关白前，使臣行拜礼于楹内中堂，其余译官军官，皆于楹外，下人于庭下。礼毕，引使臣坐厅东壁。坐定，关白使译官传言，得见稀罕不盛事，心甚感幸，吾等答曰："二百年交好之义，中间乘败，今幸已歼仇贼，更修旧好，两国生民之福也。"行酒三巡后关白又请别杯，行二杯曰："使臣远来劳苦，故请进别杯耳。"行酒又曰："吾则当罢入，使吾两弟待饭，愿使臣安心便坐吾。"等即行拜而辞，仍起入，所谓两弟即入厅，长曰尾长州太守，次曰骏河州太守。关白又使大泽小将传言："恐使臣尊体不安，故不得久坐，愿安心更加酒馔。"即进饭，又行酒五巡而罢，还出厅外，上野板仓迎劳曰："今日得见盛仪，幸甚幸甚！"吾等答曰："关白至诚接待，不胜感幸，但此后事，惟刷还我民为重，愿执政转达关白，特为刷括付还，无使一人遗落，今日邻好之实，正在此处。若于此处，不为着实，则是徒为外貌，非诚信也。"上野等答曰："当尽心不敢忽也，方俟关白号令，关白不久，当有吩咐也。"仍出内门外，上野板仓追到门外而送，出时见白正厅外，连有二厅，在西夹诸将官无虑三四百，重行列坐厅中，或着黑纱衫或穿红纱衫，闻国俗，武班则着红，门阀世袭之人则着黑云。步至三重门外下轿处，乘轿而出，关白为送将官三人护行，且预令将官二人，于中路大佛寺设饼果，且供馈下人酒食。义成、调兴先到寺中进饭，午后发自大佛寺至馆所，日已向暮。大佛寺，即秀赖所建，高壮无比，中置佛像，亦极高壮，金身几十二三丈，皆言天下更无此寺之宏大，此佛体之高壮也云。

二十七日，晴。朝闻天皇父昨暮身死，令朴大根及崔义吉持礼曹执政了书及礼单，使臣私送五执政礼单，带同义成、调兴而往。闻执政等皆在关白城中，入城则他执政不在，只上野大炊在城中，引两译官入厅，款接致谢。两译极言刷还事，则答曰："今日关白有故，不得出外，凡事未得禀定，礼单亦当关禀以后受之，刷环事当尽力，幸勿疑，书及礼单，姑授对马岛主为当云云。"盖闻天皇在丧，过三日后当视事故如是云云。朴大根等回来言之，尾张、骏河两人前及崇田长老僧、大泽小将处，亦各送礼单。闻田长老当主撰回答书契，大泽是关白亲近传语者云。

二十八日，阴。酒井雅乐助、土伊大炊、安藤对马守三人，各送酒、面、干鱼、引鰒、麋食等物，皆受之，分给一行及对马岛通事格倭、义成调兴所率倭辈。夜中，总见院分留格率等，与守直倭人侵犯相诘，倭人发怒，至于拔剑斫窗，倭人及格卒哄乱相斗，数人触刃致伤。使臣闻知，即令译官军官，持令旗拿致斗诘始作三人，结缚庭中，当待明处置。

二十九日，雨。食后与副使、从事坐堂，决杖映昨夜致乱三人有差。李涵一之弟，买市饼来现，为言欲出去，有贷银未偿情甚哀矜，帖给粮米一石木二匹，以助偿价，劝令出还。

三十日，晴。调兴送智长告："前夜作乱时，拔剑倭子，即刻当斩。"使臣答："以虽有罪，岂至于斩？幸勿为此事。"开谕而送。夜，调兴送人告以刷还当依丁未年例，愿归者率归，已为下令云。

九月初一日，晴。使臣于馆所，率员役行望阙礼，朝即招调兴，极言："刷还事若依丁未年例，愿归者率，是终无一人还，必须特下严令诸州，各定加使，一一刷送，及于使臣之行，庶可得刷。汝自祖父，致力于我国之事，今汝若不致力刷还，则非但汝坠落祖父之绩，朝庭亦以汝为何如?"开谕即为复送执政等处，请得各州下令文字以来。

初二日，晴。柳植女及梁梦麟、梦寅兄弟书来，时在协判中书管第下，中书自伊预州换镇信浓州，故柳植女子、梁兄随行到大坂云。即为答书，仍请执政，别为刷出。柳命环来现，与其母当出去，柳女及梁书，命环持来。

初三日，晴。调兴自伏见还言："刷还之事，已令都中，愿归者尽许刷送，容隐不出者谕罪，自作已为知会，且诸道亦有刷送文字，亦当分送行次所经各州，使行次中人分遣刷出云。且关白言今此使臣接待，不可循例，特为尽礼加敬。调兴所当留在伏见，而不可离使臣之侧，故还送云。"

初四日，晴。智正自伏见来言："明日当送执政，奉回答国书而来云。"

初五日，晴。食后，上野、板仓持关白答书而来，使臣具冠带出接于正厅，开见则不书王字，问曰："何以不书王字?"上野等答曰：

“丁未年亦不书，故如是耳。”使臣答曰：“若不得书王字，则不可与我国王当礼，可改书王字可也。且书中领纳之纳字，贺币邦之贺字，旧盟之盟字，皆未隐，愿并改正。”上野答曰：“当禀关白以改。”上野等又将关白所赐银柜金屏阵于庭中，以物目团列付长床阵于堂中。吾等辞曰：“国王所赐，当领受矣。但银货非礼义相赠之物，敢辞。”上野答曰：“闻唐礼，尊者之赐，不敢辞。”使臣答曰：“固已知有礼，但银货故未安耳。”答曰：“以使臣之意达于关白云。”吾又曰：“刷还之事，只令愿归者出送，则必无可归之人。被掳之人来此已久，各有接主，主家不肯出送，故出令今已累日，而绝未见愿归之人，如此终无可归之人，愿更严令，一切出送。”且别录柳植女子三十余人以示曰：“此人等皆愿归，而不得自由云，另为申饬如何？当更申令。”辞出，关白所送银三使臣各二千二百五十两，大金屏各十座，两译同知各八百六十两，军官各六十九两，格军各钱五贯，每贯二千五百个。夕，国书还付调兴，更往伏见，速为改正以来，调兴受出，上野辞出时，以刷还事，挽留再三言之。上野勃然曰：“日本人民众多，五六百千人□不关，何惜之有？但不愿者，岂忍迫送？”答曰：“朝鲜亦岂少人？但吾赤子，不可久弃他国，日本亦不可不还邻国之民。”

初六日，晴。晓送朴大根于执政，同调兴等周旋国书改正事，朴大根回言当改正以送云。且持智正书来，书云已禀关白，蒙许改正矣。尾张、骏河两守专使送礼银八百六十两于三使臣，吾等辞之不受，使者即走出，不为还持云。即招马岛头倭曰：“此银已为辞却，不可留馆，汝等可取去处置。”再三开谕而后持去。

初七日，雨。终日入夜大风雨，内匠自伏还曰：“书契已为改写，今日雨势如此，不得传授，明日必来传云。”吾又问：“刷还文书，何不书送耶？”答曰：“明日必并为书来云。”夕，执政五人各送使者，都送银八百六十两于三使，亦为辞谢不受，使者留置于调兴处曰：“善为阵达使臣前，期于呈纳云。”而调兴终不来言，未知调兴辈何以处置也。

初九日，晴。调兴等持回答书契及执政答书而来，开见则始书王字，他未妥处，尽为改正，刷还文字，亦为持来。梁梦麟一家及李蕙、柳植、顺兴君、金顺命等女子等始得脱出。盖自入倭京以后，无日不周旋致力，而协判中书者，不肯出送，使崔义吉直往中书家，持执政书反覆谕说后始许出送。崔义吉点授两班常人并二十余人，移接他家，其中所谓柳锡俊女子及常人数三还入不肯来云。即定使令及军官，即搬移柳植等女子于吾等所馆近处，使之护卫，以防夺去。是夕，搬运一行行李于淀浦。

初十日，晴。发大德寺，还宿淀浦，刷还人三十余人随行，自行中分给粮馔。

十一日，晴。自淀浦乘江船，流下大坂，为刷还留。

十二日，晴。留。

十三日，晴。留。

十四日，阴夜雨，留。

十五日，阴。发大坂乘江船，移乘海船，刷还人共通百二十余人，来见置簿受料之人百七十人，而及其乘船，五十余人不来矣。盖污染已痼，丧失本心，徘徊反侧，未有定志。故虽血诚谕引，反覆开诱，终不肯回心出来，或许还丁宁，而中间改路，或临乘船走还者有之，刷还之难，如此如此。夕乘海船于江口，宿船上，书先来状启，定李真卿、申景祺，带同小通事一人，乘快船先送。

十六日，阴。平明发船，午到兵库，不碇兵库前浦，送崔义吉、康遇圣于村中。募挚掳人，仅得三口而来。二更乘月发船，二人还逃去不来。

十七日，晴。未时到棠津，为待梁应海等，下碇留宿。

十八日，晴。朝，梁应海来现，率其家属及他募集人十四口而来，使马岛雇船，为载梁应海等也。应海言益山两班有韩姓人亦来，而但其妻在熙地，穷不能自存，贷人钱三两，银主不许出送云。即令译官觅银子给付韩姓人，即偿银主，与之俱来，韩叩头而去，去则闻其妻言，仍留不肯来，梁应海愤然驰往，叱其无信，推还银子。韩之心可恶，梁之事可尚。是日发船向牛仓，使梁治行随来，留别破津。郑义一倭通事一人，使之率来。

十九日，晴。日昏到牛仓，不得下馆，宿船上，夜雨。

二十日，雨。朝下馆，终日雨，留馆。夜二更，梁应海船追到，梁应海所募一人，又逃去不来云。

二十一日，晴。朝发船，日暮到稻浦，宿船上。三更风势甚顺，月色如画，调兴等请行，即建帆发船。

二十二日，雨。平明到长崎，雨不得前，落帆留宿。凡被掳之人，一切不为来见，虽使译官召集，无应之者，或一二人来见，而皆托以主家恩重，不敢轻舍而去，虽反覆开谕，终不肯回心，可恶可恶！前缮工判官朴佑来现，欲率妻子而来，为给雇船价，带调兴所亲信头倭同往朴佑所住处，率其妻子，随后而来。夕，雨势不止，日且昏黑，止宿油宇岛洋中，与义成、调兴相矣，义成等先往二十里许止宿。

二十三日，阴。鸡鸣时风势甚紧，日气阴险，而但洋中无依泊处，不得已发船，欲驰到上关，行二十里许，风势大作，海水沉黑，天地晦瞑，见帆竹饱风，曲如持满之弓，诸船相失，艰危颠沛，不可形言。申时仅得到上关，即下馆僧馆所。及暮，调兴来问："今日风势甚恶，波涛极险，船上下不安，为来问安云。"皆言："今日风日极险恶，但顺风故得至无事，然甚危甚危。"

二十四日，阴。早朝上船，风势亦顺且紧，建帆发船行到二百五十余里。日没，洋中无泊船处，三更到文字城下，迟明。

二十五日，阴。平明移船入赤间关，食后下馆，宿馆所。越中守忠陕，又送使呈粮馔酒果，得见崔义吉书。越中守不许刷还人，盖前行多得刷归，将官等皆后悔，故今则不许云。

二十六日，雨。留馆，雨势不止，仍留宿。

二十七日，晴。平朝发船到半洋，风势极恶，波涛如山，击撞振动出没倾危之状，不可形言，一船之人，僵卧不省人事。日没时，仅得到泊于蓝岛。郑义一所骑船一只，相失不来，或言直向一岐，或言以改帆竹之故落后云。达夜忧虑，不能成寐，当到一岐，见其得到与否，后当送人探问。

二十八日，晴。早朝发船，无风橹役，日暮不得到名护屋，未到名护屋二十里，泊于神集岛，夜已深矣，四面回抱，真藏船胜地也。是夜或雨或晴，宿船上。神集岛属肥前州，而壬辰年秀吉来阵此岛，调兵出送处云，阵基犹在矣。

二十九日，雨。食后雨少止，且有顺风，调兴等送人促发船，至洋中，风势不顺，且有雨候，移泊呼子岛。

十月初一日，风雨不顺。留吸子岛。

初二日，阴。风不顺，仍留呼子岛。夜，郑义一至自赤间关，极慰忧虑。夜半，崔义吉亦率被掳人四十四人而来。

初三日，晴。晓有东风，促发船到一岐岛前，风势极顺且紧，调兴停船，请放船仍到对马。吾等以谓："日势已晚，前洋极远，恐中洋日暮，颠沛为难。"再三强请，我国船人水手，亦言今日之风极难得，皆欲发船，群情难遏，即令建帆，风势果顺，未到对马五十余里，风残促橹。初更到，调兴请下馆，以夜深仍宿船上。

初四日，晴。朝见先来李真卿留书："前月二十四日，过对马岛到丰崎待风云。"食后下流芳院，午，调兴、桔智正来问安。夕，博多守长政差船送被掳人二十一名到蓝岛。时博多被掳人二名来见，欲率妻子而来，即招博多支供代官吩咐，蒙诺故代官归告长政追送也。在倭京时，板仓所赠盛茶瓶子，完封持来，还赠调兴，并与磨子而赠之，义成送人，请于明日设酌于其所居别馆，吾以病辞之。

初五日，晴。康遇圣尚不来，为待遇圣仍留，义成亲到恳请再三，言自前有规例，今若不许降临，恐坠落前例，辞意甚切，许之。

初六日，晴。仍留，午后，吾等赴义成别堂设酌，夕罢归。宗方所赠玉篇三秩，还赠义成、调兴、源智正各一件。

初七日，晴。留待康遇圣，调兴送人，请于别馆设酌，吾以病苦辞。夕，桔智正以调兴之意，反复恳请，吾等许以病若差歇，则当往赴，智正喜而去。

初八日，晴。苦待康遇圣不来，夕，一帆自海外来，吾与副使、从事出坐楹外望海处苦待，渐近浦口，即康遇圣船也，一行上下，皆欢喜传呼。康遇圣历广岛及备前州，两处所得掳人四十六人，到一岐，又得一人，渠则以行次留待为虑，不待顺风，乘小船促橹先来，掳船则大船重载，必待风势乃发，故留一岐待风云。梁梦寅亦率六人，乘小船相遇于一岐待风。梦寅，即梦麟之弟。梦麟，千顷之子，丁酉之乱，梁家一门陷没，千顷妻及子女三人俱被掳，今日皆得生还，实天幸也。

初九日，晴。食后调兴恳请临馆，吾等到馆设酌，五巡罢出还馆。夕，康遇圣所得掳人船人来，梁梦寅所骑船亦来，崔义吉有罪决罚。

初十日，晴。义成调兴来见，橘智正、平智长亦来，令朴大根开谕岁船①退年追来及特送船②三只岁以为常不可事。夕，义成、调兴各送礼单，辞不受。橘智正亦送礼单，不受。

十一日，雨。是日，欲回泊丰崎，因雨且风逆，不得发船。夕，义成调兴，各送鱼肉、酒果、饼面、土莲③、菁极④等物，即分给被掳人等。义成、调兴又请礼单，辞意甚恳，不得已受，义成鸟铳一柄，

① 岁船：即岁遣船，朝鲜时期往来对马岛的贸易船。

② 特送船：朝鲜时期岁遣船以外特别派遣的船只。

③ 土莲：芋头类根茎作物。

④ 菁极：萝卜类作物。

调兴镜一面。乌铳则即给喼唱①奉春，镜面给郑纯邦，镜台给严大仕，其余物件，皆还送不受，使者强请，不欲持归，严辞反复开谕后还持去。

十二日，乍阴乍雨。风逆不得发船，是日，余初度②也，一行员役皆会强请设酌，余屡辞。副使、从事强请，不获已行酒，临夕乃罢。孤露余生，非把杯之日，而不能强止，勉为酬酢。

十三日，晴。因西风欲发船，早朝乘船，而西北风甚恶，难于发船，停船姑待日晚，晚果风势小歇，发船至数十里，波涛甚险，船势倾颠危，然既发船，难于回泊矣。岛主义成，送至二十里，船上相揖再三殷勤，别后又复追到五里许，更为告别，以示难离之意。调兴、平智长、内匠等皆追至，为言当送于丰崎云。是日，风势愈险，及暮风逆波壮，仅得到八十余里，泊于船越浦，一行皆水疾，冒夜下宿梅林寺，副使则不得运动，仍卧船中。夜，调兴送呈粘饼。

十四日，晴。早朝发船，风势尚逆，波浪尚高，不得远行，仅得到佐贺浦，此地即平智长所管八郡之一也。智长请留少许，以待风涛少歇，一行皆苦于水疾，即从其请。下浦边圆通寺，日晚不得行船，仍宿寺中，智长略呈馔物酒果，调兴猎得生雉一首以呈。

十五日，乍晴乍阴。风势甚逆，不得发船，副使苦于水疾，欲寻陆路以往，头倭等皆言山路甚险，难于作行，遂止。食后，调兴来见言："今日不得发船，欲猎兽而来云。"午后，猎得小鹿一口以呈。

十六日，晴。早朝发船促橹，申末到泊鳄浦，前日自釜山来泊处也。西望我国山形，一行上下皆欣喜不自胜，被掳之人，皆望见垂泪。夕，下普庄寺，与从事同宿一房，调兴、平智长、内匠等皆一时到泊。

十七日，晴。无风，便留寺，调兴与诸倭猎得大山猪二口来呈，

① 喼唱：应为"及唱"，朝鲜时期高声传达官员命令的仆人。

② 初度：指还甲。

一口还送。夕，调兴来见。

十八日，有顺风。寅时发船，酉时到釜山，水使率诸边将迎候于太宗台[①]外。橘智正跟护使行，一时到泊釜山，一行夫马支供，皆未及到，仍留釜山。

日本通信使随员名单：

正使：命知中枢府事吴允谦

副使：行护军朴梓

从事官：行司果李景稷

译学：行司正朴大根、康遇圣，前正崔义吉、郑纯邦，前佥正韩微男

汉学：同知郑彦邦、前直长李贤男

医员：前佥正郑宗礼、前奉事文贤男

写字官：行护军宋孝南

画员：行司果柳成业

书写：严大仁

正使子弟：训练院奉事李景兰、学生李安农

军官：宣传官李真卿、前县监柳时健、前万户宋德英、前万户郑忠信、前主簿禹尚中、内禁卫李瀛生

副使子弟：内禁卫朴霁、司勇柳润

军官：武兼宣传官安景福、前监察崔昊、哨官朴应云、内禁卫申景沂、内禁卫朴成贤、内禁卫柳东起

从事官子弟：金哲男

别破陈：崔义弘、郑义逸

旗牌官：金迪

炮手：金士吉

---

① 太宗台：位于釜山市影岛区，源于新罗太宗武烈王在此射箭与设宴。

正使伴倘奴：彦生、九男
副使伴倘奴：张福伊、福伊
从事官伴倘奴：生伊、福只
小童：今得秀、李庆生、朴以清、黄大希、朴西生、洪凤龙
族毒县节钺捧持人：金得立等八名
吹手：黄黑梅等一六名
罗将：李天云等一四名
刀尺：命生等六名
吹笛：庆州奴应世
小通事：金君万等六名
斗上：金成已、金欣世、朱同、高春福
舵工：韩汗已、金连世、吴梦连、金彦祥
三船以下舵工：姜乞等七名
舵上：朴彦福等七名
格军：彦金等二八〇名
译官以下奴：一六名
军官等奴：一四名
（计四二八名）

海槎朝天日录

大明章宗皇帝天启二年，本朝废王光海君十四年。上使楸滩，副使武臣边潝①，书使柳应元②。

---

① 边潝（1568—1644）：朝鲜武臣，曾任钟城府使、庆尚道兵马节度使等。其在 1624 年因平定叛乱有功，被册录为振武功臣二等，封为原兴君。

② 柳应元：字克己，朝鲜武臣，曾任石城县监等。

壬戌四月二十九日，到郭山[1]宣沙浦[2]，斋宿。

三十日，晓行西海神祭，香及祭文币自京下来也。巳时乘船，以奏文未来之故，还下馆。以郭山残弊，未克支待一行，副使则仍留郭山，吾与书状还定州，留待奏文。

五月初六日，夜二更，奏文自京下来，即欲乘船，以八日弦日，船人甚忌之，不得已姑待吉日。十二日，乃该司所择最吉也。

五月初十日，晴。自定州还郭山。

十一日，还到宣沙浦，午后雷雨大风，飨格卒酒肉。

十二日，晴。申时开洋，副使书状同船，吾则各船。凡船五只，到宣川身尾岛前洋，第五船挂岛边石角甚危，吾船相近，急促橹救之。潮水渐落，船挂石头，难容人力，只待潮入。翌朝日出时，潮入后，始得浮出洋中。

十三日，促橹到铁山椵岛[3]。岛在大串[4]越边也，岛中有泉水，为没水留泊经夜。

十四日，风逆，留。以上船体小，员役难容，移乘大船。

十五日，平明得便风，从车牛岛前洋直向鹿岛，船上书过境状启，员役有故人代立带去，状启并二度付中和伺候，归船发送。朝食后风力甚微，仍泛在车牛前洋，以待便风，仍宿洋中。

十六日，鸡鸣时行船，未十余里，晓雾四塞，各船相失。申时，雾气开豁，各船俱在相望之地，放炮相应，始得相聚。副使独在十里外，不肯移船相近。日暮风逆，不得入鹿岛，宿洋中。

十七日，平明得顺风，张帆过黄骨岛前洋，直至石城。未时到石

---

① 郭山：朝鲜半岛平安北道定州的旧称。

② 宣沙浦：朝鲜半岛平安北道铁山郡的港口，曾设镇营。

③ 椵岛：历史上又称皮岛，位于朝鲜半岛平安北道铁山郡柏梁面。

④ 大串：地名。

城岛，梁监军所送向道刘进表先下陆，岛中有监军标下董千总送马迎刘进表，夜宿岛前船上，书状启付梁监军了入归唐船。

十八日，鸡鸣，东风甚紧，张帆发船，过长山岛，直向西獐子岛，不由广鹿，盖广鹿近辽岸故也。董千总亦言切勿向平岛云云。申时，到西獐子岛。日暮时，风雨大作，连夜不止，波涛极险，但泊船处阻风，仅得安泊。

十九日，雨。终日风雨。

二十日，或雨或晴。瘴雾四塞，不分咫尺。雨势终夜不止。

二十一日，雨势不止。雾气犹重，终日不开。

二十二日，晴。朝前雾气或塞或开，午时快开，遂行船，欲直向登州，而日已晚矣，当宿大洋中云。日没后，风势甚顺，连夜行船，夜雾尚重，各船相失。唯团练使[①]康九龙所乘船相随，连夜明烛，对定针不得接目。

二十三日，晴。日出后，雾气暂开，副使船及三船五船，皆不得见形。巳时雾开，遥见诸船，点在大洋中，如鸦头黑片。适风势甚顺，各自寻向吾船，而相距极远，不得齐到，三船先到，副船次到，五船犹远。日没时，过黄城岛。初更量，仅到舵碕岛。岛有守堡官，有城子，连夜更鼓巡审。二更量，尹游击率标下船六只，自黄城岛来，先送人问何处船，向道唐人刘进表答以朝鲜进贺陪臣船，吾乃们乃梁老爷所差护送人也。问答毕，仍下碇，船旁列船而宿。

二十四日，晴。平明发船，向登州，风逆促橹，仅得到庙岛，岛前有防海官船数十只。严参将送小船，问是何船？刘进表又答如前，参将即送人，请书使臣职名及一行员役数，以凭驰报军门，即一一书送，仍下碇留宿岛前。

二十五日，晴。平明发船，午后到泊登州城下。闻梁监军标下船

① 团练使：朝鲜时代掌管地方兵权、体察民政的官吏。后主要承担护送官员或使臣的任务。

一只，前往我国，即书状启付送，留宿船上。

二十六日，晴。送堂上译宋业男及上通事诣军门，见旗鼓官及中军，通朝鲜进贺使臣船到之由，军门即吩咐知府使之下船，差人定馆舍云。船上望见教场兵备道及军门中军，设阵黄城岛，生擒鞑贼及奸细人，并行刑枭首。

二十七日，晴。吾与副使、书状早诣伺候，军门坐室，遣答应官引入，立于楹外甓，上使吾先拜，副使次之，书状又次之，拜毕，仍立西楹外。军门进立楹内近外，吾即持国王拜帖及礼单单字、咨文，使通官跪呈。军门大概披阅后，招通官问海路难险，劳苦劳苦，回问："柳涧[①]船尚无去处否？吾其时劝留，来春发船，柳使臣不听吾言，轻易发船，遂至颠覆，寻常矜恻。"答曰："使臣不幸，适遭风变，此天时使然，不听老爷分恐是此则人事亦未尽也。蒙老爷慈念，淹死及病死使臣之尸皆得返乡国，国王感老爷之盛意，一国之人无不歆叹。"军门答曰："两使臣皆不得保全而归，国王送礼谢帖，深愧深愧！"仍问："毛文龙军数几何？"答曰："军数不多，皆新募假鞑乌合，恐难为缓急之用也。"仍言："辽路阻隔，俟唯许海路后始得治船。发来进贺大礼，至今稽缓，国王寻常痛闷。今既幸得无事下陆，愿即打发夫马，使获快速登程，毋令久滞延日。"军门答曰："当即吩咐。且定伴送护行，国王谢帖，明间当修付也。"吾等请辞，遂各两拜作揖而退，仍还船上。

二十八日，晴。定馆舍于开元寺，午后一行皆下馆。

二十九日，晴。军门令中军蔡同春设宴于教场，吾率一行各员进参，员役皆设酒食于外厅。临到宴所，骤雨大作，不久旋止。朝，监军父亲梁启泰来访馆舍，宴罢归路，造门致谢，主人出接，行茶罢归。

---

① 柳涧（1554—1621）：字老泉，号后材，朝鲜文臣，曾任大司宪、右参赞等。1620 年以进香使出使明朝，归国途中因船只沉没而殉职。

夕，送猪羊肉、糖盘、菜盘累品，且送一行员役酒肴。

六月初一日，阴曀。吾适气不平，不得诣军门谢拜，副使、书状诣军门谢，仍请夫马速发，快即登路，军门即吩咐速发。监军父亲请三使早临，盖欲设酌，吾以病辞，副使、书状亦辞不往。夕，军门差人送标文，文中有一行员役赏银：译官二两、军官一两、打角①奴子一钱。人别封闻军门辞递，新军门可立河南人，六月二十七日间上任云。

初二日，晴。朝送译官、军官诣军门谢，仍诣梁大爷家到谢。夕，蔡中军差人送礼单：真青纱一端、玉色纱一端、紫衣袍一、紫大袜一、金扇四、杭帨蓬莱十景一幅、天地茶二封。

初三日，晴。朝送人参一斤，回答中军。闻军门守备张攀因公干往毛副总衙门，明将发行，即书状启付送。闻兖州地方土贼大炽，贼魁徐弘儒，回白莲教聚徒，至于累万，连陷三城，官军尚未捕灭，登州军门方抄兵三千，即日发送云。

初四日，早朝送宋业男诣兵备道衙门。陈军门吩咐夫马打发，今已累日，夫马至今无影形，留滞闷迫之情。兵备道即差一官往知府督促，期于明日打发。

初五日，雨。朝送宋业男、权得中诣知府衙门，更请夫马，知府即差眼前人督发。闻夫马蓬莱县官该发，而调兵多事，故未易云云。午困睡，梦见韩元帅着青衣唐服，颜色如漆，心甚怪之。吾坐高处，韩帅立其下，吾把手扶上，终不得上，旁有赞画养久公，而不得分明见颜矣。

初六日，晴。晚门，吾与书状诣知府衙门，辞知府，答曰："气甚热，闻议政年衰，恐劳体免见，回来时必秋凉，当面谢云。"仍诣兵备道辞，兵备道坐堂，接见行礼如军门。礼毕，闭外门，引入后堂，时相揖甚恭，设椅坐吾于东壁，书状于西壁差退近南行茶。兵备问："气

① 打角：打角夫的略称，指监守使臣一行物品的人。

力如何？时当极热，恐议政劳苦生病，不必促行，须缓行慎摄为望。”茶罢，辞出。兵备还引出外至坐堂，更行礼而出，招宋业男，问：“议政年几何?”答曰：“六十四。”兵备答：“何以堪行云云。”自兵备衙门，仍寻蓬莱阁，阁在城西北最高处，构二层楼压城，北望渤海，东临大溟，南俯城中，楼下立石刻东坡市诗，年久，字画剜缺，十全二三矣。带月还馆。午，一行伴送守备许本淳来见于馆。夕，送酒馔。

初七日，晴。晡时，夫马齐到，发行，夕到黄县，距登州六十里。行到三十里，有里门，书额曰“淳于故里”。盖疑淳于髡所居里名也，无人可问，命译官问之村夫，不知也。雇骡三十余驮，载方物二十余驮，堂上译官及堂上军官子弟皆给骡。到黄县，见士人，问之，果是齐辩士髡之居也。

初八日，晴。发黄县。未时到黄山驿六十里，以夫马之故，留宿驿里。有士人赵逢吉、刀学伊来见馆舍，行揖毕，问：“北京前路有明经秀士否乎?”旁有一年少人应声言：“此乃其人，何必求他云。”译官不能言，无以酬酢，可叹！辞出后，两人送酒、卤鸡子、鱼卵等物，以白纸笔扇答礼。自黄县至黄山驿六十里，皆平原广野，田谷甚茂，间有村舍夹在道旁，园林果树，方列成行，十里或二十里，有店舍市肆，官道百里皆杨柳。盖自登州城至黄山驿，林间时时望见海汀，官路距海不远矣。夕，韩译往见赵哥，得徐贼榜示而来，且言连陷七城。

初九日，晴。自黄山酉时到朱桥六十里。黄山以后，村舍尤似稠密，园林果木比黄县以前尤佳，官道尚沿海汀矣。

初十日，晴。自朱桥到莱州府六十里。午时到南城外店舍，城堞比登州尤高，壁筑整整如削。掖县知县送名帖于前路，到店即送下程饭米酒馔。莱城又有分巡道送名帖、下程饭米酒馔。莱州知府又送名帖、饭米酒馔，甚优于右二所。掖县知县，名王应豫，分巡道张国铳，莱州知府薛国观。即调夫马发行，至三十里有店，店头有公廨，知县定人设茶水饭，下轿小歇，送谢帖，仍发行，乘月到灰阜驿。夜深二更矣，驿卒尽散，夫马无出处，不得已自行中雇骡。灰阜距莱州七十里。

十一日，晴。午时，发灰阜到昌邑八十里。知县李凤送名帖于十里外，先定歇馆，即供饭膳酒果。行中干粮衣笼落后不至，以夫马未齐之故也。

十二日，雨。自昌邑到潍县八十里，馆于察院衙门。知县张继孟送拜帖酒馔一桌。

十三日，晴。自潍县未及青州三十里，宿菊迷河。

十四日，晴。平明发行，到青州北关弥陀寺，夫马轿军不齐，不得发，自朝至午，留寺。辽东避乱流寓士人李乔、田大观、李日培三人来见，为言杨经略镐、熊经略廷弼、王按察化贞、刘国晋四人之贤而有功，虽有失辽之罪，今不可复得如此人，赦罪复用，则人心大振，义兵云集，自可还复辽广，持疏草出示，疏辞极好。四人中称王化贞最贤，且言到朝廷幸与宰执，相见为道此情，济南及登州军门欲呈此疏云。吾答云："疏辞意俱好，三复敬叹，但小邦之臣，言话不通，且无接见天朝宰执之路，固难通情，还我国当启此疏于国王，则或不无将此人情转达朝廷之事也。"因问此是何秀才所撰，二人皆指李乔，吾称道文辞诚恳，举手向李，李亦举手，称谢不已，以时果三色来赠，以六扇还报谢意。以夫马未齐之故，午后发行，到四十里宿达子店，干粮皆不及到。

十五日，晴。发向金铃店，店有驿，递马到蒋店宿，干粮又不及到，卜奴及南保常皆落后，苦待。闻刘天使家在长山县地村居云。

十六日，晴。朝，先送宋业男、李元亨赍揭帖、皇华集，寻纳刘诏使家，期会于长山县，午前到长山。夕，宋李两人自刘诏使家还到长山，持上前回帖及远接了帖。吾等前名帖以送，为言欲专人致情一行，以大庆入朝，丧家不可送礼相参，兹未果云。诏使家业甚殷富，器具繁华，待礼极优厚云。夜，雨势大作，长山距金铃七十里，有陈仲子①故里。

十七日，朝乍晴。今日是夫人再忌，客怀益恶。长山空县，邹平兼察云。终日不出夫马。夕，宋业男来言：“邹平兼官已来，而无意出夫马云。”即令宋译诣衙门言：“夫马终日不出，进贺大礼，一日为急，阻滞若此，使臣极以为闷。欲交付方物，只持表咨，以私盘缠雇骡，驰往济南军门，备陈此间阻滞之状，仍往京师云云。”知县即杖下人，定快手一人督出夫马，仍请土产杂物，即以纸扇刀弓等物送礼。终日雨势不止，知县高金娩。

十八日，雨。到邹平县宿，自长山仅三十里。县南十里，有范文正②公旧寓，过县十里，又有伏生③故里。

十九日，晴。到章丘县，知县送酒馔，即回礼致谢。自邹平至章丘六十里，知县李开先。

二十日，雨。自章丘至王氏庄七十里宿。其间有龙山驿，不递马，直至济南，例也。

二十一日，朝，雨。自王氏庄至济南府三十里。府官前一日先送人，探问夫马数及馆舍处。午时，到济南城外历山书院。历山，是虞舜耕田古迹，而不知历山是何山，耕田是何处。后人为此立书院，题额曰“历山书院”，堂曰“精一堂”。布政以下知府各员、以下各员、知县以下各员皆联名一帖，送酒馔累色。知县送文子二、书记一、皂隶六伺候馆处，盖待之极厚，外门结彩棚，前所未有云。送译官持名帖致谢，各衙知府又送人叩头而去。宿院中，屋宇极净洁。夕，德王送标下，问辽广贼情而去。

二十二日，晴。朝，送宋业男及上通事诣各衙门叩头，且呈济南

---

① 陈仲子：即陈仲，战国时期齐国贤士。

② 范文正：即范仲淹，北宋政治家、文学家。

③ 伏生：名胜，字子贱，秦朝济南郡邹平人，汉代经学家。

府咨，知府送名帖问安，即回帖致谢。书院东边有泉涌出，三处成穴，水大如注盆，其声沥沥，因成澄潭。其旁立阁，名曰“冰鉴亭”，潭越边，又有一阁，金额书“圣境仙区”，泉名曰“趵突”，又有吕洞宾像。济南府衙门山东军门赵彦，按察院王一中，布政司右布政程启南，知府李天经，历山知县吴阿衡。

二十三日，晴。发济南，至济河县四十里。午后，督发夫马，行二十五里，至晏城店宿，是平仲①食邑。济河知县孔元德送饭米、酒果馔。

二十四日。自晏城雨中至禹城四十里。知县姚德溥送膳、酒果、名帖，谢帖如前。城中有禹庙，设塑像。

二十五日，晴。朝发禹城，城西有漯水，有长桥，立碑刻“漯水澄清”。七十里，至平原县，知县贾师逵送饭膳、酒果甚优，待礼甚厚。

二十六日，晴。自平原县至二十里，有汉昭烈旧治，立门题榜。自平原七十里至德州，宿馆舍。

二十七日，晴。自馆舍十里余到河边船所自府差人定送四船，船小不堪容载，不得已以银二十两买一大船，与副使、书状同船，卜物及员役分载四船。河边有董子②旧宅，立庙题额“汉大儒董子庙”，设塑像。夕，大雨，不得发船，宿船上。

二十八日，雨。朝发船，八十里至桑园驿泊船，宿船上。自德州城外，商船、漕船首尾连亘三十余里。

二十九日，朝晴晚雨。平明发船，夜至东光县连窝店前，村居极盛，宿船上。

三十日，或雨或晴。朝发船，夜宿砖河村船上。

---

① 平仲：春秋时期齐国名相晏子的谥号。

② 董子：即董仲舒，西汉思想家、政治家、教育家。

七月初一日，阴，或雨或晴，夕，大雨。晚泊沧州店前，村居比连窝倍盛，风逆不得远行，夜宿船上。

初二日，阴。朝过清县，县在河边，两边人居极盛，宿船上。

初三日，朝晴或阴。过静海县，县在水边，人居之盛如清县。晚过渡流村，村居极盛如邑居，楼台相连，舳舻相接十里，夜宿杨柳青店前船上。

初四日，晴。午时到天津。闻毕御史移拜户部侍郎，时留天津，令上通事呈咨文，且请交替船只、格军，皆蒙许，回咨当北京云。宿天津城外船上。

初五日，晴。朝送上通事诣衙门，更请船格速发，回咨亦愿在此时授去。译官回言，船只、格夫准给，回咨则当送北京所馆，毋疑。日晚，不得发，仍宿船上。

初六日，晴。发船天津城东十里，御河与北河交合流入海口，天津城外沿河上下四十里余，漕船战舰依泊两边，首尾相接，不知其几千万只。自御河移入北河，水逆不得远行，仅至三十里，宿东仓船上。宋业男所乘小船追到。毕御史送标下人致名帖，程仪二两、副使书状各一两，回谢帖，且言："前年诏使回来时，陈慰使偕到京师，请通海路进贡，得兵礼部奉旨。准许后，冬日不得乘海船，今春始发。到登州后，夫马未易，处处阻滞，今到此地，船夫之故，又此迟滞，进贺大礼，渐至稽晚，为此深闷，未免累次送译烦冒台下矣。"

初七日，晴。朝食后，阴云有雨候。差晚，风雨大作，不得行船，宿舍仓村前船上，风雨连夜不止。池光洙所乘小船追至，船格未易，落后故也。

初八日，朝，雨势小歇，北风大作。天津卫所送拽船之人夫十五名，七日夕追到，故使之拽船，风逆水急，不得拽上，令一行奴辈助拽，寸寸前进。到杨村，宿船上，终日风逆下雨。

初九日，雨。无拽船军，不得发船。午时，督发，一行奴辈及员役以两索拽，大水流急，寸寸前进，行未百步，拽索中断，以一索未断之故，仅得回泊故处。夕，伴送官自天津追到，偕上通事及年少译官等到驿店中，示毕御史宪牌，督出拽船军十八名。日暮，不得发，宿船上，大雨连夜。

初十日，朝，少晴。又以两索，所定人夫及一行人合力拽船，到十里许，风势似顺，建半帆，又令拽船，大水涨溢，船行极迟，进寸退尺，宿船上。

十一日，朝晴或雨。风势似顺，波逆风微，或帆或拽，日没时，艰到西河关上。有户部郎中来设衙城中，点公私船，收税如山海关，禁防甚严。宿城越边船上，夜月如昼。

十二日，晴。晓送上译入城中，户部郎点税出标，递拽船人夫，日晚苦待不来，留船上。旁船有一男儿，年可六岁，白硕能言，如见轩孙，油然可爱，即令率来，走入不肯来，其祖抱持而来，问其年，果六岁，赠钱以送。拽到二十里，日暮宿船上。

十三日，朝，晴阴或雨。自夜潦涨河溢，不得行船，仅移船到十余里，依岸泊船，水势浩大，寸不得前，宿船上。

十四日，晴。西北风大作，大水逆风，无可奈何。吾自数日，感风不快，全废食饮，气力澌困，深头亦痛，扶病下水边僧舍宿，连夜大风。

十五日，阴。水势自夜减杀，几至一尺云。宿僧舍。

十六日，晴。朝食后发船，或帆或拽，行五十里，几到泊船处，有急流，上船之际，船主之子误用槎竹，落水，水急不得游出，没死。年可二十，久日同船之人，眼前见此，惊惨惊惨！即令一船人觅尸。日暮，未果。其父适下陆入村，没死后，还船，所见尤惨。宿船上。

十七日，晴。朝，给其父银二两，使之雇船觅，一行人各给银钱，都合几至三两，赠赙。其父与船人二名，下陆觅尸。朝食时发船，日没后至长家院，宿南京众船之旁。

十八日，晴。留长家院，移船上二里许，泊船河岸，移衾枕，就河边僧舍宿。苦待伴送官，不来，不得已雇一中船，载方物及行李先送通州。

十九日，晴。送韩瑗、权得中两译入市，雇轿夫及驴子，日晚发行。至通州，方物及凡行李已到，夫马未发，宿通州戴家。戴家自祖父接待我国人，名曰旧主人，在东驲前。

二十日，晴。夫马未发，留通州。

二十一日，晴。晓，宋业男、权得中分诣知府兵备两衙门，诉阻滞闷泊之状。兵备即催发夫马车辆，日已晚，未及齐整，留宿通州。

二十二日，晴。朝发通州。午后，到东岳庙歇息。夕食时，入东门，到玉河馆。

二十三日，晴。留馆，国忌。

二十四日，晴。留馆，国忌。

二十五日，晴。留馆，国忌。

二十六日，晴。早朝，上通事偕宋知事往鸿胪寺呈奏文。

二十七日，晴。鸡鸣时，一行皆诣阙见朝。阙内极远，几不能支行。肃拜后，诣光禄寺，享酒饭，还诣御路上，谢拜而退。朝食后，诣礼部，见堂左右侍郎坐堂，亲呈咨文，又见主客司。

二十八日，晴。朝进方物于礼部仪制司，物色皆无欠，多幸多幸！回来馆中，气甚不平，四肢萎靡。

二十九日，晴。朝，门子等来言："奉表文，该郎有故，不得到寺，当与上译及堂上译官即往宅里呈之。须及今日，不然则朝廷多故，且有祀事，过八九日后可呈。"吾答云："表文岂可私宅呈之？决不可为。虽过八九日，姑待郎中坐堂日，使臣亲呈。"此意还报郎中，郎中是其言，即请他郎中到司云。吾即将表文亲到司中，行礼后呈之。郎中曰："为使臣，今日代来捧之云。"

八月初一日，晴。上通事宋业男指兵部咨诣兵部，呈该郎堂上，则皆有故，近久不坐云云。气愈不平，全不食饮，可闷。

初二日。留馆中。

初三日，晴。留馆中，呈兵部咨。

初四日，晴。留馆中，呈免宴文字于礼部。左侍郎周道登独坐堂，看过呼译言："此呈文甚好，情理恳切，当右侍郎。"即拓主客司郎中，言此呈文甚当，即亲往右侍郎禀来云。病势渐渐非轻，可闷。

初五日，晴。留馆中，明日择吉进表方物云。病如前。

初六日，晴。早朝，上通事及押物等俱诣礼部仪制司，郎中亲领，诣阙，献于司礼监大监。礼部及司礼监，俱费人情，银子甚多。病有加无减。

初七日，晴。留馆中，吾自入玉河馆后，气力澌惫，全废食饮，昼则终日昏困，夜则不能接睡，日就瘦削，可闷！毕御史回咨来自天津，有朝鲜已受奴封之言，即制卞诬呈文。

初八日，晴。早诣礼部，呈文。左右侍郎坐堂，亲入台上呈文，姑令退伺司中小堂。侍郎阅览后，招见吾，进跪台上，陈流言罔极，详照呈文内情理，使小邦冤痛快雪。侍郎二位即下椅子，出楹外，相对立，与吾相去不盈尺矣。为言："流言，自古圣贤所不免，该国礼仪忠信，宁有是理？朝廷万无疑虑之事，幸安心，勿为介怀。"且言："昨日免宴呈文，情事极切，当俺等欲从愿，而庙堂论议不一，或云情则可从。但此是莫大庆礼，贺使不为设宴，未安。论议未定，姑俟之。"且陈："小邦残弊，物力凋耗已到十分，似闻有近敕使之行，若果然，则小邦诏敕使接待之典极浩大，今日物力决无支吾之势，民生可矜。伏望老爷察此情势，凡有敕谕之事，因往来顺付，勿为别遣。小邦于朝廷事，极尽诚悃，岂待钦差出送后有所加意奉行乎？"答曰："极是。当与庙堂议定，此后当顺付也。"其日罢坐后，吾即招堂吏朱大勋言："范光裕图差敕使，近将出去云。此意即通桂郎中，朱大勋通于桂郎中，郎中又禀于周侍郎，侍郎见孙阁老，议停敕使之行云。"又闻范光裕行银四千两，差图光禄少卿，闻此奇奔走图之，不有余力云。

初九日，晴。早食后，诣兵部呈文，阁老孙承宗以兼尚书来坐兵部后堂，令译官先呈阁老，次呈左右侍郎。食顷，孙阁老招见，行礼后，陈流言罔极，乞照详呈文内情理快雪冤痛。阁老答云：“如此无理之言，不须关心。朝廷素信该国忠义，岂有疑讶之理？放心切勿挂诸言语也。”且陈敕使之行，小邦难支之状。阁老答：“该国方困于军兵，且有辽民救活之事，敕使姑停，勿送甚当。”即出示一呈文，即范光裕催行文字也，兵部送于阁老，阁老批云：“朝鲜之畏朝使，如兵一之甚矣，其可再乎？今姑已之何如？”示后又云：“此后敕谕之使，当顺付，此意如之。”即赏银子三十两还馆。即分副使、书状，还馆。馆夫又誊范光裕呈文，末端阁老批云：“敕既赉去，今姑已之。”盖与两侍郎会议停当云。

初十日，晴。留馆，提督誊送圣旨：“朝鲜恪守臣礼，助饷恤民，忠义可嘉，赐文绮一袭，银一百两，仍赐敕谕，以旌忠节。差来陪臣吴等，航海入贡，艰险备尝，其额赏外加赏纻纱衣一套。书状、通事等官加赏素纻衣一套。随从员役，各赏银三两，以彰朕怀来远人之意。该衙门知道，钦此。”

十一日，晴。留馆，病如前。

十二日，晴。留馆，病如前，此日尤甚。

十三日，晴。留馆，自此日，委身不起。

十四日，晴。病势慚重。是夜，梦间有物如明星状，自怀中飞去，意一身精气离体，必不能起也。仍忆少时，闻于先母夫人随外祖父，任所在文川衙门，郡衙前有峰突立，梦见飞星，自峰飞入怀，回有汝身云。吾每到文川，见其峰，衙前大川之边矣。

十五日，留馆。自此日病重不省人事。

（以下病后追录。）

十六日。

十七日，周侍郎送人问病，又送大医看病。（大医，御医也。）病势诊脉，且言所服之药书送，则当极力图送云。提督逐日送人问病，且送医官看病。

十八日。

十九日。

二十日，钦宴，病不得参，押宴侍郎令光禄寺署丞亲领馔桌酒卤到馆云云。

二十一日。

二十二日。

二十三日。

二十四日。

二十五日。

二十六日，礼部郎中王时和晓畅医方，因提督闻吾病重，欲来诊视。译官辞曰："不省人事，不得起身接待，恐老爷入视非便。"遂不果。为言书病录以送，即书病录送于提督，传送郎中，郎中答书于提督，命用人乳梨汁。提督传送郎中，书今誊在别纸。

二十七日。

二十八日。

二十九日。

三十日。

九月初一日。

初二日。

初三日。

初四日。

初五日。自此日，病势小苏回，始省人事。是日，桂郎中奉敕书到馆，副使、书状出拜庭中受敕。郎中入馆坐中堂问病，为言："诸阁老闻正使病重，不得行受敕之礼，今特破格，令该郎奉敕到馆，传授正使，慰谕以来云，此是无前之事也，此意言于正使。”且言：“勿为动念，安便调摄云云。”译官等皆惊感曰：“此前所未闻未见之事也。”病歇后，副使及译官、军官辈言其详，故追录之。

初六日，离玉河馆，从河大门至四十里新店宿。在馆时，以礼部回咨未授之故，留上通事，使之授来。临夕，上通事追到新店宿处，言礼部下人皆以为既有敕谕，本部不为回咨云，不得授来。吾以为敕谕回咨，事体不同，虽为此留行，不可不授去。即夜，教上通事明晓还入京礼部，坐堂时，陈此情由，期于授来事还入送。京城外十里，有芦沟河，石桥长三百余间，左右石栏，栏头皆石狮子，真天下壮观也。

初七日，雨。宿杜家店，去新店五十里，顺天府地方也。

初八日，过涿州，宿三家店，涿州是古涿郡昭烈先贯也。未到涿州十里，有琉璃桥，虽不及芦沟桥，亦甚壮大，桥边筑堤十里，高三丈，以大石薄地成路，广几三十余间，堤左右杨柳夹路成阴，亦天下所无之事也。夕，上通事又不得回咨，只持桂郎中小纸红批而来。涿州，亦顺天府地方也。

初九日，晴。过新城县，到白沟中火，宿雄县。未至新城数里，立门榜曰“燕丹古舆”，问于新城士人，则云是丹食邑。过新城数里，又榜曰“督亢胜迹”，盖新城古督亢，而丹之封邑也。榜曰“九省通衢”，是真要冲之也，保定府地方也。

初十日。自雄县行十数里，河水决堤泛滥，大野成江，乘船行二十余里，下陆宿丘县香城铺，属河间府也。

十一日，雨。终日冒雨，宿河间府二十里铺，路上立榜书曰“毛公授诗处”，又书地名曰“蒲老芚”，盖毛苌[①]所居也。

十二日，阴。宿献县，过滹沱河，河有桥，长可四十余间，是光

① 毛苌：传为古文“毛诗学”的传授者，曾任河间献王博士。

武麦饭处也。

十三日，阴。晚开朗，宿阜县。

十四日，晴。自阜县南四十里许，榜曰“亚夫细柳营”，又二十余里，榜曰“董子下帷处”，皆属河间府、景州府，宿南柳店。

十五日，晴。渡德州河水，从城外行四十里，宿土桥智店，始梳发洗面，而气未完复，饮食不甘。

十六日，晴。晓月发行，歇马陵县风皇店①，宿商河县地王家店。

十七日，晴。歇马临邑城外店，行三十里，宿椵家桥。

十八日，晴。日晚发行，宿邹平县李山店。自是日，始入前往时大路。

十九日，晓月发行，歇马张店，行四十里，路侧有齐桓公、景公及宣王墓，想是齐国葬山也。宿大慈店。

二十日，晴。过青州府，城外行三十里到东馆店，逢圣节使李重卿，入驿馆叙话，见家书。行二十里宿妣丘店，始闻泥岘叔母讣。

二十一日，晴。朝发，过昌乐县，歇马城外五里铺，榜曰“齐初封地”，想是太公所封也。所过路旁又榜曰“方朔古垅”，又榜曰“逄萌②古里”。宿汉亭店。

二十二日，晴。乘月晓发，行五十里，到昌邑城外五里店歇马。行六十里，宿深河店。

二十三日，晴。晓起成服，行五十里歇马，河沙店食。晚，雨雷大作，行六十里过莱州城外，宿十里铺。

二十四日，晴。晓发，行六十里，歇马朱桥铺，又行六十里，宿黄山驿。

二十五日，雨。行六十里，宿黄县城外店。

---

① 风皇店：原文有误，应为“凤凰店”。

② 逄萌：字子康，昌邑人，汉代高士。

二十六日，晴。行六十里，到登州，寓前日所寓开元寺。是夜，雷雨。晓，雨大作。

二十七日，晡时，晴。欲见军门，以庭湿路泥未果，仍留寺。

二十八日，晴。留寺，早门，见监军，请铁锚船粮，皆诺。

二十九日，晴。留寺。

十月初一日，晴。留寺。

初二日，晴。留寺。

初三日，晴。早朝，诣军门，辞中军，承军门命，设宴于城中，所经路旁衙舍，极备酒食馔汤。四酌后，以上船时晚，力辞乃罢。到城上望海楼，行东海神祭，自撰祭文，仍上船。午后行船，初更到庙岛，副使船及诸船皆落后。夜半，始到上船所泊处，上通事权得中以渠私卜载四船落后，仍上四船不入庙岛，自岛外先渡海。

初四日，晓头发船，到半海，大风波涛极高，只为顺风无事，夕至黄城岛。

初五日，晴。晚小雨，留黄城。留岛唐将三人皆到船头求见，以水卧不能起，辞不见。送礼单四件只受一扇，余皆还送辞谢，送回礼笔墨。

初八日，有风候，二更发船才出大洋，云气阴险，遂停船洋中。欲明时风顺云散，仍举帆到中洋，风微，几不得过铁山。硗舟，人皆惶遽，莫知所为。忽有顺风，驱帆过铁山，至旅顺前洋，风势益急，船疾如飞。是夜二更，过广鹿岛，副使及诸船皆落后，不得已留泊广鹿岛前洋，挂灯帆竹以待，诸船终夜不到。

初九日，晴。但有骎云四起，必非发船之日，而且留泊处亦非信地，船人皆力争发船，欲到石城岛以待诸船。食时，南风大起，到半洋风势益壮，怒涛掀天，风势不顺，船不得前，船人只欲随风向北岸待天而已。梁贵生、黄珀、柳敬地三人皆以为到北岸，如不得泊船处，则撞破必然，且贼薮之地，为此风驱入深处，回船无期，既无生理，宁死于海中，与船人极力制船，横帆受风，欲以人力周旋，船尾不能胜当风涛，遂中折，声振船中。船人皆惊惶罔措，失声号泣，船中大乱，吾亦水疾委卧，即起坐揽上衣，抱敕书以待船覆，几覆者累，左倾则身亦倾倒于左，右倾则身亦倾到于右者，移时甚怪，其不即沉没。梁贵生急入言："已插他船尾，得生道矣。"见吾垂泪而已。黄柳两人又入来言："今日之事，天也，岂人为哉？自少乘船不见惊涛恶风如此，又不闻风涛如此，船尾且折，移时不覆也，此是理外怪异之事，更无所达云。"又闻唐船败没，浮尸随波过船旁者甚多云。终乃救船入石城岛中，若非此三人，万无救济之理，船人则皆辟易失魂矣。见副使诸船，为风所驱，向北岸近处，船上人望见，皆忧之，独宋业男、李元亨所乘船寻到吾船近处。

初十日，晴。早朝，北风始作，副使诸船皆建帆向黄骨岛。午后，移船就宋业男泊船处，明日风顺则偕发计也。船接后，宋李皆上吾船垂泪而言其罔极矣。

十一日，晴。留岛，天津毕御史差官、毛总兵差官所乘船近泊吾船，差两皆来见，坐话良久而罢。

十二日，晴。留岛，以无风也。是日，余初度，怀甚恶，行中买猪一口，作饼馈我，盖李安农所为也。两差官为送南酒四壶与一船人共之。

十三日。留岛，日气渐寒，风亦不顺，恐难过海。见岛中天津来军粮积峙海边，若不幸过冬，则当借贷此粮为计也。

十四日，晴。晓头微有风便，遂建帆移船岛外，风势渐顺，即放船过黄骨岛。到鹿岛，则夜已二更矣，月色甚好。船人皆直向车牛，吾以为副使诸船若在鹿岛待吾船，而吾若乘夜过行，则岂不未安？当落帆入鹿岛，寻问诸船去处后，发行可也，遂入鹿岛，则诸船皆不在矣。不得已又建帆发船，而风势不顺，渐向南大洋，波涛极险，船中人皆惶惧，不知所措。鸡鸣时，忽得西风，顺帆得救，至车牛岛前洋。

十五日，晴。日出后，风势北来，自车牛前洋向铁山椵岛，正顺风也，两帆皆饱风，船去如飞。申时，入椵岛港口，曾与副使约会泊宣沙浦，故不入铁山境，遂建帆仍向宣沙浦，二更到泊宣沙，副使船前三日已到宣沙矣。韩瑗所乘船，以待吾之故，留泊椵岛，唐船中见吾船过行，即夜追至宣沙，五船皆无事会齐。闻副使到铁山大串，已送先来状启，虑自上必忧虑一家之人，亦皆惊惶罔极，即于船上书到泊状启，因拨路驰送，仍宿船上。

十六日，朝，书先来状启，发送。梁贵生、金大嵘午后下船，宿宣沙镇客轩，始解衣就寝，抚身则柴毁骨立，尘垢涂胸，无一点肉，饥虱满衣，遂尽脱衣裳，易以他衣。其夜，郭山官婢子等皆言所拾衣虱，不知几掬，相与咨嗟，至有垂泪者。自玉河馆卧病之后，不得脱衣就寝故也。

《楸滩集》跋

跋

世采①窃观近世学士大夫，讲习儒门，得志为公相者盖鲜。然求其能自树立，言行出处，终始不负于所学者又益鲜。若故相国楸滩忠贞公，真其人哉！公天资温粹近道，如精金美玉，然操履端确，蚤夜不少懈，口无择言，身绝惰容，少事牛溪成先生，先生亟加敬重，称之曰："温谦愨厚，持心平恕。"又曰："乱邦可居。"盖当时出入门下者，亡虑累百人，顾于他人无此语。逮先生殁，公诔之曰："式承謦诲，尚克知孝弟忠信之本，仁爱公平之道，王伯义利之辨，亦尝与闻而致意焉。"则其得于师门者，可知已。及乎登朝，所至皆有异绩，使日本，朝帝京，辄被夷夏交服。仁祖反正，旋由冢宰，进宅百揆，时当鼎革，外忧内讧，成败立决，公乃不动声色，裁处咸得其宜，虽值变故，众

① 世采：朴世采（1631—1695），字和叔，号玄石、南溪，谥号文纯，朝鲜文臣、学者，曾任大司宪、吏曹参判、右参赞等。

谤猬起，亦未尝求胜于朝议，其德量如此。然在经筵，规箴切至，每劝上专功于《大学》，又尝写进朱、李两贤论学疏，仍请以圣王传心之学为己任，殆且易箦，复曰："吾遭遇圣明，不能挽回世道，死之日，须勿请谥立碑。"其志又可见也。世采尝闻之，昔者伊川先生谓和靖曰："他时必有用于世。"又曰："吾死而不失其正者，尹氏子也。"今以此究公平生源流，其亦庶几无愧焉尔。呜呼贤矣！公素不事文章，然其诗冲澹闲雅，趣造甚远，所进奏疏，明白诚恳，尤可以孚感上下，非致力词藻者比也。旧有散稿若干卷藏于家，孙道一今为星州牧，将谋所以刊行，请跋其后，余不敢以衰病辞，略书所闻梗概而归之云。

时玄黓涒滩之八月己亥，潘南朴世采谨跋。

跋

右先王父楸滩忠贞公遗稿也。王父自少，专心为己之学，于觚翰家事，未甚肆力也。平日所著述无多，且一生谦挹，不喜世俗夸诩习，凡树石于墓，求挽于人，并以遗命已之，遗稿之迄今未付剞劂，亦先志是体也。第窃惟念，王父发轫儒门，致位台铉，言行出处之正，德业闻望之盛，国乘著之，舆人诵之，则精神之运，咳唾之余，亦不宜泯泯不少概见于世，此不但道一之意，亦惟当世儒林前辈之议然也，用是大惧，谋所以刊出而寿其传，顾家贫，工役未易办。今年春，适蒙恩出牧星山，谨取草本之藏于家者，缮写而绣之梓，律绝五七并二百余首，古体三、疏札并九十一、启辞九、书牍四、献议三十五、呈文二、祭文六、策问一，汇之为三册而年谱则弁之，附录则尾之。庶几使后之观者，有所考据，知王父平生本末，有师友渊源之所自矣。噫！斯役也创于王父即世五十年后，而诸父诸兄，无一在世，道一生也后，未获逮事王父，而于今发种种矣。怆念今昔，抆泪而书诸卷末。

岁壬申九月下浣，孙通政大夫行星州牧使道一谨识。

参考文献

一、古籍资料

1. ［朝］吴允谦.《楸滩集》. 朝鲜刻本.

2. ［朝］吴允谦.《海槎朝天日记》. 朝鲜抄本.

3. ［韩］海州吴氏楸滩公派宗中编.《（国译）楸滩先生遗集》.

二、研究论文

1. ［韩］金鹤洙. 朝鲜后期近畿少论吴允谦家的学问政治倾向和门阀意识. 朝鲜时代史学报，2012（63）.

2. ［韩］梁勋植. 楸滩吴允谦的汉诗研究. 文化与融合，2016（38）.

3. ［韩］郑英文. 吴允谦的使行日记研究：以《东槎日录》和《朝天日录》为中心. 温知论丛，2016（47）.